숨, 들이다

박월수 수필집

우리시대의 수필작가선 072

숨, 들이다

박월수 수필집

수필세계사

작가의 말

숨, 들이다

　남쪽 섬으로 여행을 다녀왔다. 단발머리 적 동기들이 지천명을 지나는 중이었다. 섬의 거친 날씨에도 풍경 속에 놓인 그녀들은 눈부시게 아름다웠고, 온몸에 전율이 이는 나흘간의 여정은 짧고도 길었다.
　우리는 모두 숨구멍이 필요했다. 숨통을 틀어 쥔 현실로부터 잠시 떠나 있게 된 건 다행한 일이었다. 하나 최선을 다해 가족을 건사한 여자들에게 남은 건 아픈 발바닥이나 손목 통증 혹은 지겨운 불면증 같은 반갑지 않은 것들뿐이었다. 오름 등반을 하고 싶었으나 하나같이 아픈 곳이 많은 탓에 다음으로 미루었다.
　삶에 숨을 들이는 일, 우리는 모두 가족을 위해 제 숨들이기를 하고 있었다. 떠나온 여행지에서도 가족이란 테두리 또는 가족을 먹여 살리는 사업 동반자들은 친구들을 통제하고 시시각각 안부를 물어왔다. 잠시라도 그쪽에 두었던 생각의 줄 하나를 끊어버리면 헝클어지고 말 것처럼 불안했다.

 여행 마지막 날, 신나게 비운 막걸리 통을 차례로 세워놓고 앞다투어 밀감을 굴려 넘어트렸다. 까르륵 넘어가며 푸지게 웃었다. 군살이 비어져 나온 중년의 부인은 사라지고 풀쩍거리며 좋아하는 단발머리 계집아이들이 거기 있었다. 막걸리통은 일어섰다 눕기를 거듭했다. 그동안 숨들이기만을 하느라 내뱉지 못한 가쁜 숨을 토해내는 거룩한 의식이었다.

두부를 만드는 데도 숨들이는 일이 필요하다. 콩물을 끓이고 간수를 붓기까지 일련의 과정이 숨들이기에 해당된다. 만드는 이의 살뜰한 정성과 세심한 주의를 요구한다. 오랜 시간 실력을 쌓은 노련한 전문가만이 성공적인 숨들이기를 할 수 있다. 숨들이기를 잘못하면 모양이 완전한 두부는 끝내 완성되지 않는다. 하물며 사람 사는 일에 이 숨들이는 과정은 얼마만 한 노력이 요구될까.

등단한 지 십 년도 더 지나 첫 수필집을 세상에 내어 놓는다. 더디고 게으르게 살다 보니 많이 늦었다. 지금껏 써 온 글들 중 내 인생에 숨들이기를 거듭하는 내용들을 주로 간추려 묶었다. 잘못 들이 쉰 숨으로 하여 갑갑했던 얘기들이 구절구절 스며있다. 언제쯤 제대로 된 숨들이기를 할지 알 수 없지만 삶의 숨구멍이 되어 준 글이 있어 실패한 숨들이기를 하고도 견딜 수 있었다.

  더러 사는 일이 버겁다고 여겨질 때, 여기 실린 몇 편의 글에서 작은 위안이라도 얻을 수 있었으면 좋겠다. 가끔 떠올려지는, 머무르고 싶은 구절들이 내 숨들이기에 묻어있기를 간절히 바란다.

2021년 입동 무렵

박 월 수

차례

작가의 말

제1부
달의 등

015　달
020　새
025　경계
029　달의 등
034　혹
038　간수
042　이탈하다
045　장구섬
050　쓸쓸하다
055　청학靑鶴

제2부
진실의 입

진실의 입 063

굴비 070

에꾸, 애꾸 074

손바닥 뒤집듯 076

소금꽃 080

매미와 호박벌 084

권 양 087

화원유원지 092

꽃눈 096

감미로운 착각 098

제3부
환상통

105 풀빵

109 사랑, 그 쓸쓸함에 대하여

113 고도를 기다림

117 감염

123 환상통

128 송이의 사랑

132 냄새는 기억을 환기한다

136 냄새에 관한 기억

138 유월의 노래

142 입술이 보고 싶다

제4부
추억은 향기다

구만리 바람소리   149

추억은 향기다   154

습기 혹은 눈물   157

봄밤   161

바람 속을 거닐다   165

시간의 풍경   170

우물   175

인고의 맛은 달다   180

강정판에서   184

회색지대   188

제5부

주산지의 노래

195   달의 내력

200   주산지의 노래

208   병암화강암단애 혹은 범덤에서 호랑이를 추억함

215   송강습곡 오래된 주름

223   수락리 주상절리 잘 생긴 돌기둥

230   신성계곡 물길따라

239   절골, 그 깊고 아득한

247   청송에서 띄우는 편지

제1부

달의 등

팥알 크기의 곪은 상처가 등뼈를 갉아 먹는 중이라고 했다. 달의 등짝을 닮은 동네가 나를 훤히 드러내 놓지 않았다면 팥알만 한 상처는 콩알만 해 지고 결국 내 뼈는 삭아 내렸을 터였다. 곱사등이가 될 뻔한 나를 구한 건 펑퍼짐해서 마뜩잖았던 달등 마을과 어린 내 눈에 한 없이 높고 멀게만 보였던 아버지의 등 이었다. -「달의 등」

달
새
경계
달의 등
혹
간수
이탈하다
장구섬
쓸쓸하다
청학靑鶴

달

그날은 배꼽마당이 들썩거리도록 말타기를 하고 놀았다. 배가 출출할 무렵 친구는 내 손을 잡고 자기 집으로 이끌었다. 친구의 어머니는 호박전을 굽고 있었다. 금방 구운 호박전은 달콤하고 고소했다. 노랗고 동그란 모양이 달을 닮았다고 생각했다. 그 달이 반달이 되고, 하현달이 되고, 눈썹달이 되어 내 속으로 사라졌다.

몇 개의 달을 삼켰는지 모른다. 어스름 녘이 되어 달처럼 부른 배를 안고 집으로 왔다. 달을 닮은 호박전을 먹을 때부터 아래가 이상했었다. 이제껏 한 번도 느껴보지 못한 싫고도 궁금한 무엇이 내 몸에서 벌어지고 있다는 생각이 들었다. 구석에 숨어서 아무도 몰래 아랫도리를 내려 보았다. 낮에 먹은 호박전 빛깔이 끈끈하게 묻어있었다. 아침이 되어 제일 먼저 살펴본 삽에서는 붉은 달빛이 흥건했다. 울컥 서러움이 밀려들었다.

뒤꼍 뚜껑 덮인 대야에서 몰래 훔쳐본 어머니의 서답이 떠올랐다. 달빛보다 더 붉은 물에 담겨있던 서답은 한 번도 앞마당 빨랫줄에서 하얗게 펄럭인 적이 없었다. 언제나 뒤꼍에 낮게 엎드려 달빛 아래서만 말랐다. 결코 다른 빨래와 함께 섞인 적 없는 그것은 어린 내 눈에도 부끄러움이었고, 남에게 숨겨야 할 비밀이었다.

앉은뱅이책상 서랍 속에 꼭꼭 숨겨둔 흔적을 반나절도 안 되어 어머니께 들켰다. 어머니는 달거리가 시작된 거라고 했다. 여자라서 겪는 불편이며, 부끄러움이니 참아야 한다고도 했다. 달마다 한 번씩 며칠에 걸쳐 하게 된다는 마지막 말은 울고 싶은 나를 적잖이 안심시켰다. 내 속에서 흘러나오는 붉은 달빛을 날마다 경험하며 살 수는 없다고 절망하던 참이었다.

어머니의 말이 끝나고 왜 여자는 부끄러워야 하고, 숨겨야만 하는지 묻고 싶었지만 그러지 못했다. 뒤꼍의 뚜껑 덮인 대야를 생각하니 나도 그래야만 할 것 같았다. 오후 내내 반짇고리 곁에 앉아 하얀 소창을 만지작거리던 어머니는 개짐이란 걸 만들어 내게 주었다. 뒤꼍에서 몰래 훔쳐본 어머니의 서답이랑 참 닮았었다. 내 것이 좀 작았을 뿐, 삽에 차는 물건이라 했다.

셋이나 되는 오빠들 틈에서 풀썩거리며 자란 나는 억지로 여자가 되어야 했다. 달을 지날 때마다 개짐이 지닌 부피가 부담스러워 치마를 입고 견뎌야 했으며, 달거리의 아픔도 참아야 하는 줄만 알았다. 여자보다 남자가 더 많은 우리 집에서 아무 눈에도 띄지 않게 모아둔 서답을 씻느라 밤에 몰래 깨어있기도 했다. 그러면서 나는 어머니의 자궁처럼 포근한 유년의 배꼽마당과 결별했고, 달을 닮은 호박전을 유난히 싫어하게 되었다. 내가 잉태의 신비를 경험하기 전까지는.

  달콤 쌉싸래한 신혼의 어느 날, 여름 땡볕에 제 몸을 둥글게 말아 키운 감자를 삶았다. 오지게 잘 생긴 놈을 골라 입안에 넣다가 울컥 신물이 올라왔다. 빙빙 어지럼증이 생기더니 하늘이 노랬다. 달을 본 지가 언제인지 헤아려 보곤 오스스 소름이 돋았다. 내 안에서 새 생명이 움을 틔운 것이다. 세상이 다 내 것이 된 양 좋았다. 몸속의 아이가 톡톡 발길질을 하던 날은 숨이 멎을 것 같은 경이로움에 휩싸이기도 했다. 말갛게 숨 쉬던 달빛이 치마 아래로 축축하게 번지던 날 아이의 첫 울음소릴 들었다.

  서 말의 붉은 달빛을 쏟은 후에야 아이를 낳는다는 우리 어머니의 어머니, 그 어머니의 어머니처럼 나도 그만큼의 달빛을 쏟은 후 비로소 엄마가 된 것이다. 우주가 내 품에 와서 안긴 듯한 잉태와 출산의 기쁨을 가슴 뼈근하게 누려보고서야 알 게 되었다. 내게로 들어온 달의 소중함과 내 안에서 느끼는 귀찮지만 달콤한 비밀은 건강한 여자에게만 허락된 의무이며 축복이라는 것을.

　예전엔 가뭄이 심하면 붉은 혈이 선명한 여자의 개짐으로 깃발을 만들어 기우제를 지내는 풍습이 있었다. 생명의 상징인 물을 여자의 달거리로 불러오려 했다는 건 잉태의 근원이 거기에 있다고 믿은 때문이었으리라. 그런 이유로 지금껏 내가 알던 것과는 달리 여자의 달거리는 신성한 것으로 여겨졌을지도 모를 일이다. 우리 조상들은 달의 정기를 받으면 여성의 생산력도 높아진다고 믿었다. 보름달이 뜨기를 기다려 '강강술래'나 '월월이 청청'같은 놀이를 여자들만 즐긴 것을 보면 말이다.

　나는 이제 내가 처음 달을 보았을 때의 어머니 나이가 되었고, 엉덩이에 살이 통통하게 오르고 젖무덤이 봉긋하게 부푼 딸은 그때의 내 나이가 되었다. 둥근 호박전 빛깔을 가진 달과 제 몸의 붉은 달빛도 그 아이는 보았다. 빠르게 시간이 흘러 그 아이가 우주와 소통하게 될 날을 나는 손꼽아 기다린다. 달이 가져다 준 몸의 신비를 우주를 품에 안음으로 온전히 이해하게 되는 날 비로소 그 아이도 생명의 경이로움을 온몸으로 받들고 지켜가게 되리라.

　그때쯤이면 아마 나는 달의 몰락을 경험하고 있을지도 모른다. 그 시기에 겪게 된다는 끝 모를 우울과 나른함으로 힘든 날들을 맞을 수도 있다. 혹은 쓸쓸함과 불안함이 엄습해 와서 밤마다 잠 못 들고 뒤척일지도 모른다. 하지만 내게서 뜨고 지던 달의 기억들이 모여서 이루어진 아이와, 그 아이의 아이를 보면서 순하게 견뎌낼 것이다. 이미 오래전에 달이 준 의무와 축복을 누린 후 참다운 완경*完經을 이룬 내 어머니처럼.

완경*完經-김선우의 시 제목에서 빌려옴. 폐경閉經

새[*]

　새라고 다 날개를 지녔을까. 우도 섬의 소머리 오름에는 날개가 없어 날지 못하는 새가 산다. 날아가는 새는 바람의 등에 업혀 다니지만 이 언덕에 사는 새는 등줄기를 후려치는 바람 때문에 땅속으로 줄기를 키우고 마디를 짓는다. 나는 아직 땅에 사는 식물이 '새'라는 이름을 얻게 된 이유를 알지 못한다.
　바람과 한 통속으로 움직이는 새의 물결을 본다. 섬의 바람받이에 속하는 언덕을 향해 해풍은 쉼 없이 불어오고 새는 누웠다가 일어나기를 반복한다. 바람은 일정하게 부는 법을 몰라 수만 갈래의 방향으로 와서 뿌리째 새를 흔들고 벼랑으로 달려간다. 그런 바람에도 새는 제 아랫도리를 꺾이는 일 없이 유연하게 허리를 굽혔다 폈다 할 뿐이다.

섬에 가득한 소금기가 몸에 척척 달라붙어 바람은 항상 몸이 무거웠는지 모른다. 그래 날마다 바다 건너 뭍으로 가기를 꿈꾸었으리라. 그곳에 가면 해풍이 아니라 그저 바람이 될 수도 있을 터이니까. 소금기를 날려버린 바람이란 얼마나 가벼워질 수 있는 존재인가. 멀리 도약하기 위해 섬에서 가장 높은 이 곳 오름을 택한 건 어쩌면 당연한 일이었을 게다.

발등이 부르트도록 기를 쓰고 오른 언덕에는 한가로운 새가 있었다. 바람은 새에게 무거운 제 몸의 소금기를 털어냈다. 섬에서 산 녹록치 않은 세월만큼 그것은 쉬운 일이 아니어서 사나운 맹수처럼 자꾸만 비벼댔다. 바람이 이빨을 으르렁거릴수록 키 작은 새는 더욱 낮게 엎드렸다. 땅속 마디 줄기를 붙잡고 악착스레 버텼다. 가벼워진 바람은 벼랑 끝으로 가서 힘차게 날아올랐다. 하지만 번번이 바다에 빠지고는 해서 좀체 뭍으로 가 닿지는 못했다.

바람은 무거운 몸을 이끌고 날마다 헐떡이며 언덕을 올랐다. 새는 땅속 마디 줄기에 잔털을 키우며 바람의 횡포에도 거뜬하게 견디는 법을 배웠다. 그런 날이 거듭되면서 새는 바람이 오는 길을 볼 줄 아는 눈이 생겼고, 마음이 미리 마중을 했고, 몸이 알아서 먼저 누웠다.

누군가를 이해하게 된다는 건 사랑한다는 것이다. 바람의 위안이 되어 주는 새처럼 뭍을 꿈꾸는 바람도 언젠가는 새의 마음을 눈치채게 될 것이다. 새에게 몸 비비던 그때 이미 한없이 가벼운 자유의 몸이 되었던 걸 바람은 미처 몰랐다.

내게도 그런 바람 닮은 남자가 있다. 예전에 그는 떡갈나무 잎을 흔드는 미풍이거나 고샅을 지나는 산들바람처럼 부드러웠다. 남의 집 울타리 너머 핀 목련을 꺾어 와 내게 건네주던, 다리가 후들거려 혼이 났다고 말할 때의 취기 가득한 그는 향기로운 바람이었다. 나는 그에게서 어릴 적 먹던 바람 사탕의 달콤한 냄새를 킁킁거리며 맡곤 했다.

그토록 여린 그도 간절히 불어 가길 원하던 뭍이 있었다. 그 뭍에 자신의 깃발을 꽂고 승자의 나팔을 불기 위해 아등바등하던 때가 있었다. 깃발에 갈증 난 사람처럼 어둠 속에서도 쉬지 않고 자맥질을 했지만 쉬이 나아가지 못했다. 거친 물살 속에서 그를 보호해 줄 어떤 도구도 그는 가진 것이 없었다. 허술하기 짝이 없는 그의 유영하는 몸짓은 물속의 것들에겐 어쩌면 좋은 먹이였는지 모른다.

그는 이곳저곳에서 자신의 살점을 떼어먹혔다. 그럴 때면 그는 물속에서 아주 오래 나오질 않았다. 숨 쉬는 일마저 귀찮아져서 아예 물 아래로 가라앉고 싶었는지 모른다. 제동장치가 필요치 않은 조각배라도 있었다면 어찌어찌해 보았겠지만 그는 언제나 빈손이었다. 세상은 마음먹은 대로 되는 게 아니란 걸 알아버린 그는 언제부턴가 멎어있는 바람이 되었다. 그 속에 상처가 곪아 자라고 있는 걸 몰랐다.

그가 언제부턴가 낯선 빛깔을 하고 여기저기 나부끼기 시작했다. 덧난 상처는 모난 바람이 되어 면도날처럼 나를 헤집었다. 내가 한 가지 바람에만 집착했을 때 내 삶의 모든 마디에선 수시로 서걱대는 신음 소리가 새어 나왔다. 환장할 돌풍도 바로 곁에서 불어갔다. 예측할 수 없는 바람의 색깔과 갈래에 맞춰 적응하는 법을 익혀야 했다. 세상에 상처받은 그가 치대고 할퀴고 후려쳐도 좋은 그의 새가 되어야 했다. 대궁이 비어있는 새처럼 속의 것 다 비우고 날마다 그를 기다렸다. 내 속을 그의 푸념과 한숨으로 채워도 좋았다. 바람처럼 비틀거리며 떠도는 그가 가정이란 울타리 안에, 내 안에 머물러 주었으면 했다.

사는 건 흔들리는 일이고, 흔들리는 건 부러지지 않는다. 마음을 나누면 슬픔조차도 감미롭다. 내 것 아닌 절망에 귀 기울여 주지 않는 세상을 향해 통곡하느라 목이 쉬어 터질 필요도, 투신하느라 허리가 꺾일 필요도 없다. 그의 속에서 소용돌이치던 바람이 번져 내게로 가만히 불어오기를 기다렸다.

그가 부는 법을 잊어버린 바람처럼 풀 죽어 들어온 새벽이었다. 등 돌려 누운 그의 어깨가 들썩이고 있었다. 절뚝이며 벼랑 끝으로 간 그가 숨죽여 울고 있었다. 날지 못하는 새에게도 목소리가 있다는 걸 나는 그때 절감했다. 바람의 맘을 이해하고 품기까지 바람의 흔적을 빌려 비명 같은 노래를 불렀음도 알았다.

나는 눈먼 바람 같은 그 남자의 어깨를 감싸 안았다. 그의 든 든한 바람벽이 되어주고 싶었다. 키만 멀쑥하고 야윈 그는 순한 아이처럼 내게 기대왔다. 나부끼다 지쳐 안주하고 싶은 그의 눈과 마주쳤다. 그는 이미 내 울타리 안에서 눅눅해져 있었다.

언덕을 훑고 지나던 바람이 곁을 주었나 보다. 한 곳에 머무는 법을 모르던 바람이 새와 사랑을 나누었나 보다. 햇살마저 다사로운 날, 새는 한결 나긋하고 바람은 전에 없이 살랑이더니 소머리 오름에서는 무더기로 산통이 시작되었다. 머지않아 새가 피워 올린 꽃은 바람의 등을 타고 새처럼 훨훨 날아오를 걸 믿는다.

새* - '띠'라고 하는 벼과의 식물, 제주 방언

경계

강은 경계를 이룬다. 사람의 언어와 생활방식을 구분 짓고 사람과 사람 사이를 나누어 놓기도 한다.

나는 한때 강의 저쪽에 살면서 강의 이쪽에서 생활했었다. 강의 저쪽에 있는 집은 넓고 값이 쌌으며 주변 경관이 아름다웠다. 산책길에 마주친 이웃들의 눈빛은 온화했으며 강의 이쪽에 있는 일터와는 무척 가까워서 불편할 일도 없었다.

내 일터는 대단지 아파트 앞 상가에 있었다. 나는 자연스럽게 강의 이쪽 여자들과 어울려 운동을 즐기고 함께 밥을 먹으러 다녔다. 그녀들은 하나같이 내 집의 위치와 크기를 궁금해했다. 내가 강의 저쪽에 산다는 걸 알았을 때 그녀들의 표정은 이전과는 달랐다. 그녀들 눈에 비친 나는 변방에 사는 경계인에 불과한 모양이었다.

 내가 만나는 강의 이쪽 여자들은 마음에 음악을 지니고 살거나 시를 음미하지는 않는 것 같았다. 그녀들 마음속에는 집의 크기나 자동차의 종류가 너무 많은 자리를 차지하고 있어 다른 건 들어설 자리가 남아있지 않은가 보았다. 그녀들과 키 작은 꽃에 대해 이야기하고, 지는 해를 함께 바라보기엔 우리들 사이의 간격이 멀고 깊다는 걸 어리석은 나는 미처 알지 못했다.

 나는 강의 저쪽을 사랑했다. 강에서 올라온 물안개가 서서히 들녘으로 번지는 새벽은 몽상을 하기에 좋았다. 안개 속을 천천히 걸으며 지상에 없는 헤세를 만나고 그가 노래한 블론드의 소녀가 되기도 했다. 길가에 핀 노란 씀바귀 꽃이 바람에 흔들리는 걸 지켜볼 때면 마음 귀퉁이에 재워둔 꿈들이 향기를 뿜으며 출렁거렸다. 농부들의 일상을 묵묵히 지켜본 하루는 방안에서 책을 보며 지낸 어떤 날보다 마음이 풍요로웠다.

 주말이 돌아와 아이들과 오롯이 강 저쪽에서 지내는 날은 행복했다. 연잎 우산을 받쳐 든 채 들판을 산책하고 흐르는 강물에 물수제비를 뜨며 놀았다. 나란히 손을 잡고 강둑을 거닐며 아직 덜 핀 도라지꽃을 터트리곤 까르르 웃기도 했다. 모래밭 감자와 양배추 이삭을 줍던 아이들의 표정은 사막에서 만난 어린 왕자 같아 한참을 넋 놓고 바라보기도 했다. 별이 맑고 바람이 달콤한 저녁이면 일터가 있는 강 건너를 바라보며 떠나오길 잘했다고 얼마나 되뇌었는지 모른다.

하지만 내 의식의 일정 부분은 세속을 좋아한다는 걸 어느 순간 알게 되었다. 강의 이쪽 사람이 되기 위해 바둥거리는 나를 발견하고는 몹시 참혹한 생각에 빠져들고는 했으니까. 그럴 때 소로우를 알게 되었다. 그는 내가 태어나기 한 세기도 훨씬 전에 월든 호숫가에 오두막을 짓고 단순하고 소박한 삶을 산 사람이었다.

"내가 알고 있는 이 고을의 한두 가정은 거의 평생 동안 교외에 있는 집을 팔고 마을로 들어오려고 했으나 아직도 그 뜻을 이루지 못하고 있으니 죽어서도 자유의 몸이 될지 모르겠다."

"적당한 나무상자 하나로도 족한데 많은 사람들이 이보다 더 크고 호화로운 상자를 빌려서 살며 그 대금을 치르느라 죽을 고생을 하고 있다. 집을 사고 나서 부자가 된 것이 아니라 더 가난하게 되었고, 집이 그를 소유하게 되었다."

아포리즘에 가까운 그의 날카로운 지적에 정신이 화들짝 들었다. 나는 내 의지에 의해 강의 저쪽 사람이 된 걸 잊고 있었다. 나를 지배하는 건 집이 아니라 영혼이어야 한다. 그제야 날마다 소풍을 가듯 초록 바람이 부는 들녘을 지나 강을 건너 일터로 향하던 여유를 다시 찾았다.

강의 저쪽에서 나이 들고 싶다던 마음은 아이들이 자라 상급학교에 가게 되면서 바뀌게 되었다. 날마다 오랜 시간 버스에서 시달려야 할 아이들을 생각하니 어쩔 수 없었다. 강의 저쪽에 있는 감미로운 풍경을 뒤로하고 나는 필요에 의해 강의 이쪽 사람이 되었다.

옮겨 온 이쪽 둥지는 숨쉬기가 불편했다. 고층 아파트의 꼭대기 층이지만 새까만 매연은 안방까지 날아들었다. 하지만 속으로는 경계인이 아니라 강의 이쪽 사람인 것이 적이 안심이 되기도 했다. 단지 '자연으로부터의 도피'인 줄을 처음엔 몰랐다.

오만한 생각은 그리 오래가지 않았다. 강의 이쪽에도 보이지 않는 경계는 무수히 많았다. 가는 곳마다 그어진 금들이 나를 휘청이게 했다. 사람의 숲에서 사람이 쳐 놓은 그물에 걸려 넘어지기 일쑤였다. 이제 나는 경계 저쪽, 떠나온 자연으로 가기 위해 강의 이쪽으로부터의 탈출을 꿈꾼다.

달의 등

월배月背는 대구의 서쪽 끝 앞산 자락에 붙어있다. 고려 태조 왕건이 싸움에 패해 쫓기다가 이곳에 이르러 등 뒤에 비친 달빛을 보았다는 데서 유래했다는 곳이다. 멀리 비슬산이 올려다 보이고 어릴 적 뛰어놀던 민족시인 상화의 가족묘지가 있다. 월배는 그 이름처럼 지형마저 달의 등을 닮아 넓고 평평하다. 내가 태어나고 자란 월배는 세월이 갈수록 그 이름만으로도 애틋하다.

유년의 기억 속에 달의 등은 조용한 소읍이었다. 나지막한 집들과 너른 들뿐으로 밤이 되면 앞산 마루에 뜬 달이 평평하게 생긴 소읍을 고루 비추었다. 달의 등짝처럼 펑퍼짐한 마을에서는 아는 사람이라도 만나면 어디서부터 인사할 채비를 해야 할지 항상 헷갈렸다. 거치적거릴 것 없이 훤하다는 것이 주는 불편함은 늘 같은 곳으로 귀결되고는 했다. 앞서 걷는 이의 뒤통수가 눈에 익은 사람이면 숫기 없던 나는 걷던 걸음을 늦추어야 했다.

그 속에서 자라던 유년을 떠올리면 항상 아버지가 있다. 아홉 살이 될 무렵 날마다 조금씩 허리가 한쪽으로 기울었다. 자꾸만 기우는 허리 탓에 나도 모르게 한 손은 허리를 짚고 다녔다. 아버지는 그런 딸이 조숙하다고 생각해서 대수롭잖게 여겼다. 어느 날부터인가 달등 마을 사람들은 모두가 내 이야기를 하게 되었다. 멀리서 보아도 한쪽으로 기운 허리가 가장 먼저 눈에 띈 때문이다.

아버지는 내 손을 붙들고 날마다 대구를 오갔다. 이른 봄에 시작된 병원 나들이는 그 봄이 저물 때까지 이어졌다. 달의 등짝을 닮은 소읍이 세상의 전부인 줄 알고 지내던 나는 더 넓은 도시의 경이로움에 흠뻑 빠졌다. 버스에서 바라보는 온갖 종류의 간판들은 신기했다. 심심하기 그지없는 달등 마을과는 달랐다. 호기심은 갖가지 힘든 검사도 참아내게 했다.

하지만 그도 오래가지 않았다. 허리는 점점 기울어서 걷는 것도 불편했다. 몸이 아프니 식욕은 떨어져 뼈만 남았다. 버스를 타는 일도 더는 즐겁지 않았다. 딸의 병명을 모르는 아버지의 시름도 갈수록 무거워 보였다. 나는 더 이상 도시 나들이에 들뜨지 않게 되었다.

병은 소문을 내야 낫는다고 했다. 달등 마을 사람들은 부러

내 이야길 흘리고 다녔다. 떠돌던 소문은 앞산 자락의 오디가 익을 즈음 내 병을 낫게 해 줄 병원을 찾아주었다. 아버지의 골 깊은 주름이 펴진 것도 잠시였다. 여기저기 살펴보던 의사는 조금만 더 늦었다면 꼽추가 될 수도 있었다고 했다. 나는 개울가에 살고 있는 키 작고 등이 불룩한 아주머니가 생각나 더럭 겁이 났다. 그때 얼핏 훔쳐본 아버지의 얼굴은 타작마당에서 막걸리 두어 잔을 걸친 후처럼 꽃도미 빛깔을 하고 있었다.

힘들게 속을 다 비우고 전신 엑스레이를 찍을 때였다. 내 곁에는 아버지가 있었다. 실오라기 하나 걸치지 않은 채 턱까지 떨며 차가운 기계 위에 엎드릴 때 아버지는 딱 한마디를 하셨다.

"참아라."

그 말엔 온갖 힘든 것도 이겨내야 할 당연성이 포함되어 있었다. 나는 두렵지 않았다. 거꾸로 매달리고 모로 눕고 바로 눕고 수없이 많은 엑스레이 사진을 찍으면서 곁에 있는 아버지 덕분에 든든했다. 그런 아버지가 딸이 꼽추가 될 뻔했다는 말에 흔들리고 있었다.

팥알 크기의 곪은 상처가 등뼈를 갉아먹는 중이라고 했다. 달의 등짝을 닮은 동네가 나를 훤히 드러내 놓지 않았다면 팥알만 한 상처는 콩알만 해 지고 결국 내 뼈는 삭아 내렸을 터였다. 곱사등이가 될 뻔한 나를 구한 건 펑퍼짐해서 마뜩잖았던 달등 마을과 어린 내 눈에 한 없이 높고 멀게만 보였던 아버지의 등이었다.

평생을 농군으로 사셨던 아버지가 처음이자 마지막으로 논에 모를 내지 못한 적이 그때였다. 나는 무던히도 아버지를 힘들게 했다. 하루에 한 번 맞는 주사는 그런대로 참을 만했다. 눈 질끈 감고 나면 이미 주사 바늘은 빠져나오고 있었다. 하지만 끼니때마다 먹어야 하는 한 움큼의 알약은 무척 곤혹스러웠다. 아버지가 아무리 박하사탕을 들고 기다려도 물을 삼키고 나면 입 안 가득 알약만 남아 있었다. 아버지의 눈엔 점점 힘이 들어갔고, 하는 수 없이 잘게 씹어서 삼키곤 했는데 그 쓴 맛을 감당하기가 어려웠다. 아버지 몰래 약을 버리다가 들킨 날은 안 죽을 만큼 혼이 났다.

한 번은 병원에서 내 몸의 치수를 재어갔다. 달등 마을에 장이 서던 날 어머니를 따라가 편물 옷을 맞추어 본 경험이 있어 은근히 기대가 컸었다. 몇 날 후 병원에서는 희한한 옷을 가지고 와서 나에게 입히려고 했다. 굽은 등을 바르게 고정시켜주는 의료기구라고 했다. 갑자기 한 번 입으면 영원히 벗지 못할 것 같은 아득한 예감이 들었다. 입지 않으려고 우겼다. 얼마나 울면서 앙버티었는지 앙상한 팔에 멍이 들었다.

잠결에도 훌쩍거리다가 한옥으로 지어진 병실 밖 마당에서 땅 꺼질 듯 이어지는 한숨 소리를 들었다. 살그머니 내다보니 희미한 달빛에 구부정한 아버지의 등이 보였다. 이튿날 나는 두 말

않고 그 옷을 입었다. 어깨에 걸치고 양쪽 사타구니에 가죽 끈을 묶는 방식이어서 혼자서는 입을 수 없었다. 멀미를 하는 어머니 대신에 늘 곁에 있던 아버지가 거들어 주었다.

달등 마을로 돌아가 뛰놀고 싶어 몸살을 앓을 즈음 내 등의 상처도 아물었다. 병원을 나서는 내게 의사는 꼭 세 해 동안은 의료용 옷을 입어야 된다고 못 박았다. 하지만 나는 그 말을 듣지 않았다. 도대체 그 투박한 옷을 입고는 딱지를 칠 수도, 말타기를 할 수도 없었다. 내가 자주 그 옷을 벗어놓고 다니는 걸 알면서도 아버진 크게 나무라지 않았다. 한창 자라는 아이의 몸을 억지로 묶어 둘 수는 없다는 걸 이미 알고 계셨던 것이다.

아버지는 꽤 오랫동안 나를 자전거에 태운 채 학교에 데려다주고 데려오곤 했다. 아버지의 등에 기대서 학교에 다니는 나를 친구들은 몹시 부러워했지만 나는 그 고마움을 알지 못했다. 다정함과는 거리가 멀던 무뚝뚝한 아버지의 등이 지금에서야 간절히 생각 키운다. 혹시라도 딸의 등에 남아 있을 팥알 크기의 상처를 때워 주기 위해 쫀득한 수구레편을 특히 잘 만드셨던 아버지는 오래전 달등 마을을 등지셨다. 내가 달의 등을 꿈에라도 잊을 수 없는 건 내 속에 잠재된 아버지의 등에 대한 따스한 기억 때문이 아닐까 싶다.

혹

 놈은 오랜 시간 내 안에 기거했다. 나는 녀석에게 들어와 살라고 말한 적 없다. 진즉에 쫓아내지 못한 건 그럴만한 이유가 있었다. 눈치 채지 못할 만큼 작은 알갱이로 내 팔뚝에 똬리를 틀었던 까닭이다. 어느 날 문득 도드라진 무언가가 그다지 민감하지 않은 내 눈에 띄었지만 신경 쓰지 않았다. 눈길조차 피하고 무심한 척 버려두면 물사마귀처럼 사라질 줄 알았다.

 녀석은 집세도 안 내고 텁석 들어앉았지만 나쁜 놈은 아닌 것 같았다. 남의 살에 침범했는데도 통증이란 걸 데리고 있지 않았다. 그만하면 그리 미울 것도 없었다. 병원 가는 일이 죽기보다 귀찮은 맘도 한몫했다. 동거를 허락하기로 했다. 주인의 마음을 읽었으면 녀석도 납작 엎드려 있었어야 했다. 하지만 눈치도 없이 야금야금 제 몸뚱일 키워갔다.

 부랴부랴 병원을 찾았다. 의사는 척 보기만 해도 안다는 듯 별 거 아니라고 했다. 꾹꾹 눌러보더니 아프지 않으면 좀 더 키워서 오라고 했다. 더 이상 자라지 않고 같은 상태로 있다면 굳이 떼어낼 필요야 있겠냐고 했다. 녀석을 잘 달래서 데리고 사는 편이 팔뚝에 칼자국이 남는 것보다 나을 수 있다고도 했다. 듣고 보니 그도 그럴 것 같았다.

 커피 잔을 든 팔을 다른 한 손으로 만지는 버릇이 생겼다. 수시로 커피를 마셨으므로 수시로 혹을 어루만졌다. 친절한 유모처럼 마음을 쏟았으나 녀석은 사라지지도 가만있지도 않았다. 땅따먹기 하는 아이처럼 조금씩 제 영역을 넓혀갔다. 한 손 가득 들어차는 녀석은 누가 봐도 혹이었다. 얇은 옷을 입으면 툭 불거진 팔뚝이 자연스레 눈에 띄었다. 더 미루다간 축구공만 하게 자랄지도 모를 일이었다. 나는 좀 더 여자로 있고 싶었으므로 미관상 어떤 것이 보기에 덜 흉할지 결정해야 했다. 이제 그만 녀석에게 강제 퇴거 명령을 내리기로 했다.

 철면피 입주자를 떼어내는데 온갖 귀찮은 일이 많았다. 퇴거를 주관할 곳을 도시의 큰 병원으로 잡은 것부터 문제였다. 몸에 칼을 대야 한다는 부담감이 다니던 가까운 병원을 밀어냈다. 처음으로 무덤 속 같은 상자에 들어가 자기공명영상이란 걸 찍었고, 간과 팔뚝의 초음파를 했다. 그러는 동안 병원을 드나든 횟

수는 수도 없이 많다. 겨우 떼어낼 날짜가 잡혔는데 병원이 파업을 했다. 무단 침입자는 방세를 내기는커녕 시간과 돈을 뭉텅이로 **뺏**어갔다.

녀석은 끝까지 민폐를 끼쳤다. 퇴거가 지연되어 미적거리는 동안 덩치를 더 키운 모양이었다. 담당의는 떠나는 녀석을 보며 전송을 해도 좋다고 했던 말을 바꾸었다. 주인이 완전한 무의식 상태에서 침입자를 보내는 것이 안전하다고 했다. 나는 녀석과의 작별을 위해 이별 엽서처럼 금식 팻말을 달고 하루를 보냈다. 종지만 한 위를 가진 터여서 배고픈 건 참을 만했다.

몽롱한 상태로 눈을 떴을 때 녀석은 내게서 떠나고 없었다. 소독을 위해 녀석이 머물다 떠난 자리의 덮개를 열었을 때 길게 그어진 세로줄 하나가 나를 참혹하게 했다. 푸른 멍을 둘러싸고 산처럼 부풀어 오른 팔뚝엔 한 **뼘**이나 될 듯한 칼자국이 나 있었다. 녀석을 보내는 동안 문 밖에서 나를 위해 기도하는 이가 아무도 없었던 일이 내내 쓸쓸했는데 녀석이 남긴 이별 인사는 그보다 더 아렸다. 파란 옷을 입고 매스를 든 퇴거 집행관들과 연이라도 있었다면 녀석이 떠난 자리는 흔적이 덜 했을까.

짚어보니 지방종이란 이름을 가진 혹뿐이 아니었다. 달콤한 향기를 뿜으며 달려들던 바람처럼 대책도 없이 나를 비집고 들어왔던 것들은 언제나 처음 모습으로 머무르진 않았다. 내 안에서 마음대로 제 몸피를 키우며 고요하고자 하는 내 영혼과 실랑이를 했다. 그러한 관계를 다독이느라 마음은 자주 수선스러웠다.

  시간이 갈수록 옅어지는 흉터를 내려다본다. 마음 안에 그득 쌓인 보이지 않는 혹들도 시간이 해결해 줄 수 있을까. 저 혼자 다가와 켜켜이 쌓인 인연들을 곱게 갈무리하고 편안하고 고독한 영혼을 지닐 수 있을까. 어림도 없는 수작이란 걸 안다. 눈 떠 있는 동안은 그들과 숨결을 나누며 부대껴야 한다. 안았다가 놓는 일을 거듭해야 한다. 범이 담배를 피우고 곰이 막걸리를 거르던 그때부터 인간은 혼자가 아니었으며, 생은 머물러 있지 않았다.

간수

굵은 소금을 샀다. 포대를 열자 서해의 태양과 바람 냄새가 났다. 향기로웠다. 포대를 다시 묶으면서 보니 겉면에 소금기가 배어나와 눅진하면서 짭짤한 기운이 손바닥에 그대로 전해졌다. 창고 바닥에 플라스틱 상자를 깔고 그 위에 묵직한 소금 포대를 올려 두었다. 물기가 다 빠지려면 오래 걸릴 것 같은 예감이 들었다.

그날부터 포대 솔기에선 쉼 없이 소금물이 흘러내렸다. 저의 태생이 바다인 걸 잊지 않으려는 듯 똑똑 소리 내며 뱉어냈다. 포대마다 적당한 그릇을 받쳐두었지만 언제 넘쳤는지 바닥이 흥건해져 있곤 했다.

어느 날부터 소금 포대 주변 시멘트 바닥은 늘 축축하게 젖어

있었다. 그 곁을 지날 때마다 내 맘은 이상하게 물 먹은 솜처럼 눅눅했다. 저를 길러 준 서해의 바람과 햇볕을 꽉 막힌 창고에 들여놓을 수 있었으면 싶었다. 소금의 눈물 같은 흔적이 떠나온 곳으로 돌아갔으면 싶었다.

이곳 산골 사람들은 오래 묵혀둔 소금을 쓴다. 해마다 몇 포대의 소금을 사서 쟁여놓고는 오래된 순서대로 장을 담그고 김장을 한다. 소금창고에서 갓 가져온 천일염을 쓰면 음식 맛을 버려놓기 십상이란다. 적어도 삼 년은 묵혀두어야 간수가 제대로 빠져 쓴 맛이 나지 않는다고들 했다.

나는 냉동식품을 켜켜로 쌓아놓는 것도 모자라 즉석 밥을 쟁여놓고 살던 도시 아줌마였다. 풍경이 좋아 들어온 시골살이는 모든 게 낯설었다. 대대로 터를 잡고 사는 사람들이 보기에 들어온 사람인 나는 풋내기 새댁이었다. 도무지 할 줄 아는 게 없으니 그들이 하는 대로 눈치껏 따라했다.

살림을 좀 할 줄 안다는 소릴 우선 듣고 싶었다. 그래 겁도 없이 소금을 몇 포대 들여놓았다. 손이 적게 간다길래 떼기밭에 콩도 심었다. 절반은 짐승이 와서 먹고, 남은 절반은 거두어들이느라 죽을 고생을 했다. 팔이 아프게 콩을 터는데 이리 튀고 저리 튀어 도망가는 콩이 더 많았다. 콩 농사는 남은 평생 다시는 짓지 말아야지 하면서도 불룩한 콩자루를 보니 의젓한 농부가 된 것 같았다.

농한기를 맞은 동네에선 수확한 콩으로 메주를 쑤고 남은 콩으로 두부를 만드느라 부산했다. 집집마다 소금 포대에서 받아 놓은 간수를 넣고 맛깔난 두부를 해 먹었다. 일머리에 어느 정도 자신이 생긴 나도 내가 만든 두부가 먹고 싶었다. 하지만 소금 포대에서 흘러나온 끈적한 물을 생각 없이 내다 버렸으므로 간수해 놓은 간수가 있을 리 없었다. 이웃에 꾸러 가는 건 살림할 줄 모르는 아낙이란 걸 동네방네 소문내는 일이어서 그리 할 수도 없었다. 하는 수 없이 없는 게 없이 다 있다는 오일장에서 알갱이로 된 간수를 사다가 콩물을 굳혔다.

매끈하고 부드러운 이웃의 두부와 달리 내가 만든 두부는 씁쓰름하니 텁텁했다. 맛을 본 사람들은 어찌 알았는지 간수 탓이라고 입을 모았다. 화학 간수는 두부의 맛을 버린다는 거였다. 소금 포대에 머물러 있으면 소금 맛을 쓰게 만드는 간수지만 맛있는 두부를 완성하기 위해서는 요긴한 물건이란 걸 어설픈 시골내기는 짐작조차 못했다.

두 해가 지나자 젖어 있던 자리는 말끔해졌고, 소금 포대는 더는 기억할 바다도 없는지 떨어지는 물소리도 잠잠했다. 시간의 위대함을 알려주려고 소금 포대는 내게로 온 게 아닐까 하는 생각을 잠깐 했었다. 어쩌면 나도 머지않아 완벽한 시골 아줌마가 될 것도 같았다. 하지만 그것은 어리석은 내 착각이었다.

이듬해 여름 장마가 시작되자 소금 포대 주변 바닥은 속으로 품었던 것들을 흥건하게 뱉어냈다. 딱딱한 시멘트 바닥에도 기억이란 게 존재하는 모양이었다. 슬픔이 많은 사람은 아무리 아닌 척해도 숨길 수 없는 것처럼 바닥은 처음의 그 흔적만큼 축축하게 젖어있었다.

세 해가 지나자 소금 포대는 처음보다 홀쭉해져 있었다. 장을 담기 위해 포대 주둥이를 벌렸을 때 소금은 여러 개의 크고 작은 덩어리로 엉켜 있었다. 소금 알갱이에서 따로 떨어져 물이 되더라도 다시는 바다로 갈 수는 없다는 걸 알았을까. 악착같이 서로를 껴안았을 그들만의 시간이 내게로 옮아와 가슴 가운데를 묵직하게 눌렀다.

장마가 시작되면 창고 바닥은 속으로 머금었던 것들을 잊지 않고 토해냈다. 바다에서 떠나와 소금 알갱이가 되고 다시 간수가 되는 과정에서 이로운 두부가 되지 못하고 창고 바닥으로 스며든 소금물의 흔적을 보는 건 쓰러져가는 폐염전을 볼 때처럼 애잔했다.

나는 둥글게 번져나간 소금 바닥에 자주 쪼그려 앉아 있곤 했다. 내 속에는 쓴 맛을 내는 것들이 얼마나 남아 있을지에 골몰했기 때문이다. 그러면서 나를 빠져나온 불순물들을 필요한 무엇으로 제대로 바꾸어야 한다는 마음이 갈수록 절실해졌다.

이탈하다

만유인력이 실종되었다. 나른해져서 자리에 누우려던 참이었다. 머리가 바닥에 채 닿기도 전에 몸의 중심을 잃고 쓰러졌다. 멀쩡하던 천장이 기울고 방바닥이 아래로 푹 꺼졌다. 아찔한 공포가 몸 전부를 관통하는 사이 소름이 훑고 지나갔으며 나도 모르게 외마디 비명을 내질렀다. 주변엔 달려와 줄 아무도 없었다. 다시 몸을 일으키면 찾아온 공포가 사라지려나 싶어 억지로 일어나 앉았다. 여전히 천장과 바닥은 제 맘대로 움직였고 눈을 뜨기 힘들었다. 식은땀이 흘러내렸고 구토마저 나기 시작했다.

　욕실을 향해 벽을 짚어가며 걸음을 내디뎠다. 한 손은 입을 틀어막은 체였다. 몇 걸음밖에 안 되는 거리를 한나절은 걸은 것 같았다. 그런 동안에도 천장과 바닥은 가만있지 않았다. 겨우 변기를 붙잡고 엎어졌을 때 구토는 멈추었지만 어지러운 건 여전했다. 벽을 짚고 방을 향해 돌아오면서 로캉탱을 만든 사르트르를 떠올린 것도 같다. 멎어 있어야 할 사물이 나를 덮칠 것 같은 불길한 생각이 들었다. 자리에 눕는 순간 또다시 중력은 사라졌다. 머리를 움직일 때마다 몸은 까마득한 암흑 속을 헤맸다.

그 무렵 그는 외출이 잦았다. 새로 생긴 읍내 다방에 나이 많은 마담을 자주 보러 다녔다. 식탁에 마주 앉으면 그 여자를 바라보던 그의 은근한 눈빛이 떠올라 견딜 수 없었다. 그 여자가 나보다 젊거나 그 여자의 치마가 조금만 더 길었어도 괜찮았을지 모르겠다. 내 입안에서는 날마다 가시가 자랐다. 더 이상 참을 수 없게 되었을 때 물에 잘 풀어지는 비누처럼 헤픈 그의 비위를 건드렸다. 성마른 그는 나를 밀쳤고, 소파 귀퉁이에 내 몸이 처박힌 후에야 다툼은 끝이 났다. 그날 이후 자주 한쪽 가슴 아래쯤이 결렸다. 의사는 갈비뼈 골절이 의심된다며 약을 처방해 주었다. 어지럼증이 시작된 건 그 약을 먹은 직후였다.

처음엔 약의 부작용 때문이려니 했다. 파리한 몰골을 하고 여러 병원을 전전하다가 이석증이란 걸 알게 되었다. 귓속의 아주 작은 돌이 주인 허락도 없이 엉뚱한 곳으로 이사를 해 버린 탓이었다. 양쪽 귀 모두 탈이 났다고 했다. 의사는 침대 모서리에 앉아 좌우로 번갈아가며 쿵하고 쓰러지는 운동요법을 처방해 주었다. 빨리 낫고 싶었으므로 벼랑으로 떨어지는 아득한 경험을 쉼 없이 되풀이했다. 아내가 평지에서도 멀미를 하는 지경이 되어서야 가정을 이탈하고 싶어 하던 그는 제자리로 돌아와 있었다.

　운동할 때를 제외하곤 하루의 대부분을 미동도 없이 누워서 지냈다. 다음날 아침에 눈을 떴을 때 원래대로 돌아와 있기를 바라는 마음은 더할 수 없이 간절했다. 하지만 꿈속에서조차 벼랑 아래로 곤두박질치는 날이 많았다. 자리에서 일어나기 전 머리를 살짝 움직여 주변이 돌고 있는지 확인해 보는 것이 습관이 될 무렵 어지럼증이 흔적도 없이 사라졌다는 걸 알았다. 미세한 돌이 제 자리를 찾아갔을 뿐인데 흔들리던 몸은 정상이 되어있었다. 작은 돌 하나의 위력이 위대하게 생각키우는 건 겪어본 사람만이 알 일이다.

　살면서 굳이 몰라도 될 이름을 알고 부대끼고 나도 모르게 제자리로 돌려보냈다. 가끔씩 그와의 관계가 소원해지면 이석의 이사에도 그가 관여했는지 어쨌는지 꼽아보는 버릇이 생긴 것 말고는 탈 없이 잘 지냈다. 두 해가 흘렀다. 아침에 일어났을 때 잠깐 매스꺼움이 일었지만 무심히 일터에 나갔다. 일하는 중에도 식은땀과 함께 구토가 났지만 일이 남아있어 꾹 참았다. 명치마저 답답해 도저히 참지 못할 지경이 되어서야 동네 병원을 찾았다. 심한 체증에 걸렸거니 했다. 반가울 것 없는 이석이 제 자리를 이탈해 나를 흔들기 시작한 걸 몰랐다. 미련한 나를 찾아온 병은 집요했고, 이탈하고 싶어 하는 것은 이석만이 아니었다.

장구섬

장구리는 남해의 작은 마을이다. 호수처럼 잔잔한 앞바다엔 장구를 닮은 섬이 있어 사람들은 그 섬을 장구섬이라 부른다. 한 해가 저물 즈음 마을 앞 장구섬까지 바닷길이 열리면 동네 아낙들은 물 **빠진** 갯벌에서 굴을 딴다.

한 평 혹은 두 평 남짓 지킴이 돌로 구획을 정해 놓은 밭은 조상 대대로 물려받은 그들의 유산이다. 해 질 녘이면 바구니 가득 따 모은 굴을 상인에게 실어주고 돈을 손에 쥔다. 바닷물에 설렁설렁 굴을 헹굴 적에 굵고 실한 것들은 아껴두었다가 아들네로, 딸네로 보낸다. 돈을 좀 덜 만져도 자식들이 굴을 맛있게 먹을 생각을 하면 배가 부르다며 아낙들은 굴 껍질처럼 투박하게 웃는다.

남편과 함께 조명사업을 할 때였다. 큰 공사를 하나 맡아하게 되었는데 마무리를 한 지 오랜 시일이 지났지만 돈이 나오질 않았다. 자금이 한 곳에 묶이니 자질구레한 작은 공사를 할 만한 여력이 없었다. 우선 물건을 가져오는 업체에서 제동을 걸었다. 밀린 물건 값을 갚기 전에는 더 이상 물건을 줄 수 없다고 했다. 일은 해야 하는데 물건이 없으니 낭패였다. 애가 탄 남편은 연거푸 담배만 피워 물고 나는 풀죽은 남편을 지켜보기가 민망했다.

시장엘 간다는 핑계를 대고 나와 거래처를 찾아갔다. 번듯한 건물은 보기에도 위압적이었다. 작업복 차림의 사장은 배달할 물건을 운반하는 중이었다. 그는 조명 도매로 꽤 큰돈을 벌었다고 소문이 자자했지만 여전히 일손을 놓지 않고 있었다. 여러 대의 차에 물건을 나누어 싣느라 직원들의 움직임도 바빠 보였다. 창고 안에 가득 쌓인 물건들을 보니 마음이 착잡했다. 지금껏 우리는 거래처와의 신용을 한 번도 어긴 적이 없었다. 모아둔 돈이라도 있다면 당장이라도 적금을 깨서 해결하고 저 물건을 가져가고 싶다는 생각이 들었다. 하지만 여기저기 부도를 맞아 우리는 오랫동안 무일푼이었다. 사무실에도 물건이 든 상자가 가득해서 어디에 서서 기다려야 할지 가늠하기가 힘들었다. 한참 후에 일을 끝내고 들어 온 사장의 얼굴엔 반갑잖은 기색이 역력했다.

다 식은 찻잔을 들고 서서 나는 매달리듯 말을 했다. 이번에 우리가 공사를 해 준 업체는 탄탄하기로 소문난 곳이라는 걸 누누이 강조했다. 그런 만큼 거래처에 손해를 입히지 않을 거라는 것도 다짐하듯 힘주어 말했다. 입술이 바짝 말라 식은 차를 한 입 마셨다. 속이 서늘해 왔다. 내 말이 끝나기 무섭게 사장은 딱 잘라 거절했다. 자신은 사업을 하면서 세워둔 원칙이란 게 있는데 아직 한 번도 그 원칙을 어겨본 적이 없다고 했다. 주변에 원칙대로 하지 않는 사람을 여럿 보았는데 그들은 하나같이 다 망하더라고 했다. 갑자기 그가 명절마다 보내와서 맛있게 먹었던 곶감이 속에서 치밀고 올라올 것 같은 착각이 들었다. 돌아서 나오는데 머리가 어지럽고 다리가 후들거렸다.

커다란 상실감을 짊어지고 무작정 차를 몰았다. 어디를 어떻게 헤매다 무슨 정신으로 그곳까지 갔는지 알 수 없었다. 나는 언젠가 한 번 와 본 적 있는 장구리를 지나고 있었다. 장구섬 너머로 막 해가 지는 중이었다. 비참하기 짝이 없는 중에도 지는 해는 숨이 멎을 만큼 아름다웠다. 하루의 고단함을 이끌고 뭍을 향해 쪽배를 저어 오는 노파의 얼굴에 발갛게 노을빛이 스며들었다. 따뜻하고도 평온한 그 빛이 내게도 가만히 번져왔다.

일몰이 아름다운 건 내일에 대한 희망 때문이라고 어떤 이가 그랬다. 하늘과 바다를 함께 물들이고 사라지는 해는 영영 지는 것이 아니었다. 다시 힘차게 떠오르기 위해 잠시 우리 시야에서 멀어지는 것이다. 영원히 빛이 드는 세상도 없고 암흑만 연속인 나라도 없다. 한쪽이 밝으면 다른 쪽은 어둡기 마련이다. 그러니 지금 조금 힘든 건 아무것도 아니라고 지는 해가 내게 말 걸어왔다. 무엇이든 움켜쥐려고만 한다면 다른 누군가에겐 상처가 될 게 분명하다. 내가 겪은 아픔을 기억해야 하는 이유는 다른 누군가에게 똑같은 방법으로 상처 주지 않기 위해서다.

해지는 풍광에 결코 한 번 젖어본 적 없을 것 같은 그 사장을 떠올렸다. 마음에 햇살마루 한 칸 마련하지 못한 채 바삐 살고 있는 사람, 두껍고 큰 손에 박인 굳은살보다 더 딱딱한 심장을 가졌을 사람, 다 낡아 털털거리는 소리가 나는 그의 트럭보다 더 악착스레 자신을 부려먹는 사람, 늘어나는 금고의 부피에 행복의 부피를 견주며 살아갈 그 사장이 안쓰럽다는 생각이 들었다.

눈부신 까치놀이 잘게 부서지는 장구섬 앞에서 나는 어둠 뒤에 찾아올 밝음을 보았다. 해 빠진 바다에 서러웠던 마음을 헹궈냈다. 포구에 정박해 둔 배들이 찰랑이는 물살에 내 맘처럼 씻기고 있었다. 얼마를 그렇게 서 있었는지 모르겠다. 입김이 나고 손이 시렸다. 주변을 둘러보니 밤은 깊은데 때 아닌 겨울비가 추적추적 내리고 있었다.

집으로 돌아온 나는 남편과 상의해 힘든 조명사업을 정리했다. 미수금이 가득 적힌 장부는 불면의 밤만 가져다 줄 뿐이므로 흔적조차 없앴다. 처음부터 내 것이 아니었다고 생각하니 그리 아까울 것도 없었다. 줄 건 주어야 했으므로 서둘러 거래처의 빚을 갚았다. 날마다 속에서 올라오던 신물이 비로소 멈춘 것 같았다.

힘들었던 지난 일은 떠올리고 싶지 않은 기억이다. 떼 먹힌 돈 생각에 잠 못 들던 밤도 사라지고 모든 걸 잊고 살 즈음 거래처 사장의 부음을 들었다. 그는 현장에서 뼈가 굵은 사람답게 구릿빛 피부에 떡 벌어진 어깨를 가졌었다. 겉으로는 젊고 건강해 보였다. 그보다 그의 건강을 더 챙기는 젊은 아내도 있었다. 하지만 그는 자신이 원했을 나이의 꼭 반을 살고 갔다. 어느 날 갑자기 이유도 없이 쓰러졌다고 했다. 진리는 여전히 진리여서 죽음은 정해진 순서대로 오는 것이 아니었다. 사는 일이 그처럼 허무하게 끝날 수도 있다는 걸 나보다 많이 가진 그는 몰랐다.

장구섬으로 해가 진다. 굴 따는 아낙들이 비로소 허리를 편다. 사는 일이 벼랑 끝에 선 것처럼 막막할 때 나는, 해지는 풍광이 따뜻한 장구리에 간다.

쓸쓸하다

　호밀밭의 파수꾼을 읽었다. 거기에서 만난 문장 하나가 내 맘을 점령했다.
　'누구에게든 아무 말도 하지 말아라. 말을 하게 되면 모든 사람이 그리워지기 시작하니까.'
　얽히고설킨 관계가 나를 더 쓸쓸하게 했다. 흐르는 시간을 말 안 하고 살 수 있는 풍경과 바람과 햇살로 채우고 싶었다.
　오래 그리던 산골로 떠나왔다. 종일 눈에 들어오는 건 사람이 빠진 멎어있는 풍경이다. 내게 말동무가 되어주는 것 또한 말 없는 강아지뿐이다. 그 강아지마저 지나치게 말을 아끼는 무심한 나로 인해 가출을 일삼는다. 받는 일에만 익숙해진 전화기는 언젠가부터 소리 내어 울지 않는다. 우울증에 걸린 사람처럼 조용하다. 고독을 즐기려던 내 맘엔 어느새 알 수 없는 적막만이 남았다.

죽은 소나무를 손질한다. 적당하게 굽은 모양이 다탁으로 쓰면 어울릴 것 같다. 길이를 반으로 쪼개어 곱게 갈무리한다. 하나는 아직 관계 끊지 못한 말 많은 지인에게 실어 보내고 다른 하나는 끙끙대며 다락방에 올려놓는다. 은은한 향이며, 결 고운 무늬가 삭막한 내 맘에도 스미길 바라본다.

쓸쓸함은 고양이 걸음처럼 기척도 없이 나를 덮친다. 나무계단을 오른다. 낮은 창으로 산이 보이더니 이내 사라지고 높낮이가 다른 들이 눈에 들어온다. 마지막 계단에 올라서니 달풀 우거진 너른 개울이 다가와 엎드린다. 안개가 짙은 날을 제하곤 다락방을 찾을 때의 풍경은 늘 같은 순서로 펼쳐진다. 집안에서 가장 전망 좋은 곳이 내 쓸쓸함을 다독이는 비밀의 방이 된 셈이다.

다탁 앞에 엎드려 나무의 결을 만져본다. 죽은 소나무에서 다탁으로 새로 태어났지만 여전히 온기는 느껴지지 않는다. 바닥엔 연미색 가루가 소복하다. 부드러운 나무의 속살이다. 견고한 나무의 죽음에는 내가 모르는 배후가 있었나 보다. 촘촘한 나이테를 뚫고 들어가 숨어 사는 생명은 어떤 녀석일까 궁금하다.

쓸쓸한 감정이 일어 다락을 기웃거릴 때마다 나무의 속살은 어김없이 쌓여있다. 하나 둘 늘어가는 구멍 속에 둥지를 짓고 사는 녀석은 대부분의 시간을 작업하는 걸로 채우는 모양이다. 마치 인생은 고독할 사이가 없다고, 목표를 향해 부지런히 나아가야 하는 거라고 나를 향해 훈계라도 하려는 듯하다. 희한하게도 나무의 속살을 걸레로 문지를 때면 따뜻한 적막이 내게로 밀려와 쓸쓸함의 무게를 거두어 가곤 한다. 정물로 둘러싸인 내게 숨 쉬는 무언가가 곁에 있다는 것이 위안이 되는 탓인가.

　겨우 눈에 띄는 곤충 하나가 바닥에 뒤집어져 있다. 기다리던 구멍 속 임자를 만나게 된 모양이다. 미동도 하지 않으니 죽은 걸까. 몸에 비해 더듬이가 길다. 그동안 만나 온 나무의 속살을 생각하면 굉장한 턱을 가진 놈일 것 같았는데 작고 여린 녀석이다. 가벼워 보이는 주검을 처리하기엔 한 장의 휴지와 한 점 바람이면 족할 것 같다. 내 맘을 눈치라도 챘을까. 갑자기 몸을 한껏 웅크리더니 보란 듯 발딱 뒤집는다. 마치 방아라도 찧듯이. 등껍질을 대신한 날개가 파르르 떤다. 죽음의 이쪽과 저쪽을 넘나드는 그 녀석을 가지고 놀고 싶다.

　뒷산 은사시나무숲 쪽에서 부엉이가 운다. 한밤중의 정적을 건드려 미안하다는 듯 울음소리는 낮고 짧다. 간헐적으로 들리는 소리에 자꾸 마음이 가 닿는다. 마을에 초상이 날 걸 미리 안다는 부엉이는 내가 기르는 방아벌레처럼 죽음의 속살을 만져보지 않았을까. 밤에 깨어있는 자만이 죽음의 속살을 구경할 수 있다는 듯 부엉이가 전하는 소리는 먼 지하에서 울려 나온 것 마냥 굵고 아득하다. 누군가의 부음을 알려주어야 하는 새의 마음이 내게로 옮아와 가슴 한 귀퉁이가 공허하다.

　어느 저물녘, 집 나간 강아지를 찾아 이웃 마을로 가는 빈들에서 그 새를 보았다. 지는 해를 등지고 내 몸만큼 커다란 새가 날고 있었다. 쫙 펼친 날개의 위용에 나는 절로 움츠러들었다. 들판 가운데서 아뜩해지는 정신을 추슬러야 했다. 먹잇감을 사냥하러 나선 길임을 직감했다. 낯선 골목을 헤매고 있을 우리 집 강아지가 마구 불안해지는 순간이었다. 들판 사이로 난 하얀 길이 어둠 속으로 사라지는 걸 지켜보는 일은 쓸쓸함이 아니라 무서움이란 걸 그때 처음으로 알게 되었다.

　부엉이는 먹을 걸 잔뜩 쌓아놓기 때문에 부의 상징으로도 불린다. 그 새의 마음속 허기를 알기에 터무니없는 먹이 욕심이 밉지 않다. 더구나 가족 같은 강아지를 그에게 잃어본 적도 없다. 나중에 안 일이지만 아무리 큰 수리부엉이도 강아지는 사냥하지 않는단다. 배불리 먹어도 채워지지 않을 영혼의 허기가 안쓰러워 내 귀에 들리는 부엉이 울음소리는 더 애잔하다.

　저 울음 속에 우리 집 욕심 많은 개 똥이가 산 채로 뜯어먹은 달구의 주검도 묻어있을까. 지난밤 떨어지던 별 부스러기들도 들어있을까. 안덕장례식장 액자 속에서 턱 고인 채 웃고 있던 이십 년 지기 그녀의 부음도 전해졌을까.

　밤의 정적이 깊어갈수록 부엉이 울음소리는 어떤 위안처럼 들린다. 듣고 싶은 대로 듣는 마음의 작용 때문일까. 부음을 전한다는 소리 속에 산 자들을 위한 애틋한 위로가 들어있는 것 같아 나직하니 따뜻하기만 하다.

　도시 한 복판에 살아도, 시골 귀퉁이에 살아도 쓸쓸함은 따라다니게 마련이다. 모든 관계엔 쓸쓸함이 존재한다. 내 쓸쓸함의 이면엔 모든 존재하는 것들과 관계 맺고 싶은 작은 소망이 깃들어 있기 때문이다. 그래 이젠 죽음의 속살을 맛보지 않더라도 제대로 된 고독을 즐길 줄 안다.

　어떤 이의 못 이룬 꿈이 하늘로 올라가 별로 뜰 때도, 꽃이 피어날 때도 죽을 것 같은 아픔이 함께하므로 쓸쓸하다. 하나 꽃 핀 그 공간만큼, 별 뜬 그 자리만큼은 따뜻하다. 이미 내장된 허무로 인해 쓸쓸할 때도, 세로토닌이란 물질이 부족해 만성적 우울에 시달릴 때도 나는 이제 쓸쓸함을 즐기는 나를 발견하게 된다. 쓸쓸함은 살아있음의 또 다른 표현이다.

청학 青鶴

봄은 바람과 내통하는 게 분명했다. 달빛으로 쌓은 성이라 이름 붙여진 내가 사는 마을에도 어김없이 바람은 불었다. 입술마저 파리해진 달이 몇 날을 그 바람에 떨고 나면 기척도 없던 봄은 눈앞에 와 있었다. 먼 산에 꽃빛은 짙어지고 어디서 화전 굽는 냄새가 피어오르곤 했다.

그 바람이 불어오기 전 오래된 청소기를 바꾸었다. 연결대 하나가 부러지긴 했지만 어디 고장 난 곳 없이 잘 돌아갔다. 다만 너무 무거워서 청소를 할 때마다 아픈 어깨가 더 아픈 게 문제였다.

신혼시절 처음 청소기를 살 땐 생각지도 않던 지출이라 많이 망설였다. 결혼 일 년 만에 좀 무리다 싶었지만 방 두 칸짜리 남의 집에서 거실 겸 주방이 딸린 집으로 이사를 했다. 첫 아이가 태어난 지 한 달 겨우 지난 때였다. 비질을 할 때마다 일어나는 먼지가 갓난쟁이의 건강을 해치지 않을까 걱정되었다. 형편은 빠듯했지만 그와 나는 의논 끝에 최신형 물걸레 청소기를 할부로 구입했다. 그걸 무려 십이 년 동안이나 사용했다.

집안의 가구 대부분이 청소기에 부딪쳐 여기저기 상처가 났다. 물건에도 마음이란 게 있는지 정이 들대로 들어서 완전히 고물이 되기 전에는 버리지 못할 것 같았다. 하지만 어느 날부터인가 대형마트나 전자제품 상가를 지날 때면 새로 나온 슬림형 청소기가 자꾸 눈에 들어오기 시작했다.

둘째아이를 낳은 후부터 산후풍이 생겼다. 목과 어깨가 날마다 아팠다. 무거운 걸 들 때마다 통증이 더 심했다. 살림을 하고 아이를 기르고 가게 일을 해야 하는 처지여서 소염진통제를 달고 살았다. 그러니 가벼운 청소기를 바라보는 내 눈은 남다를 수밖에 없었다. 그런 내 맘을 아는지 모르는지 그는 끝내 모른 척했다. 멀쩡한 걸 두고 새 물건을 사는 건 낭비라고 생각하는 그가 당연한지도 몰랐다.

인연이 되려고 그랬던지 우연찮게도 전자제품 상품권이 생겼다. 나는 서둘러 슬림형 청소기를 구입했다. 지난번 청소기에 비하면 부피도 절반에 가격도 절반이었다. 새로 산 청소기는 날씬하고 가벼워서 자꾸만 밀어보고 싶어졌다. 청소가 신이 나니 시간도 반으로 준 것 같았다. 이렇게 좋은 걸 왜 이제껏 참고 살았나 싶었다. 하지만 그런 마음은 오래가지 않았다.

  투박하고 볼품도 없으면서 무겁기만 하던 옛날 청소기가 갈수록 나 같다는 생각이 드는 거였다. 모양내는 것도 모르고 묵묵히 먼지만 빨아들이는 청소기, 제 할 일에만 충실한 그것이 조강지처인 나를 닮은 것 같았다. 제 몸 어느 한 군데가 부러져도 본연의 의무에 한 치의 게으름도 없는 못생긴 청소기에 어쩔 수 없는 연민이 느껴지곤 했다. 차마 버리지 못하고 구겨 넣어둔 창고 쪽으로 나도 모르게 눈길이 쏠렸다.

  그와는 반대로 온갖 멋을 부린 새로 산 청소기는 가볍고 매끄러워서 꼭 첩 같이 생각되었다. 치장을 얼마나 많이 했는지 긴 호스는 부드럽고 투명해서 절로 눈이 갔다. 먼지를 빨아들이는 입구는 작고 날렵해서 어지간한 가구 밑에도 쏙쏙 잘 들어갔다. 장애물을 만나면 끝이 반반씩 접혀서 불편을 덜어주었다. 마트에서 그 물건을 맨 먼저 보았을 때, 생긴 모양에 까무룩 반하고 접어지는 주둥이 때문에 두 번 반해서 다른 건 돌아보지도 않고 덜컥 사버렸다.

  시간이 흐르고 그 물건을 쓰면 쓸수록 지난번 청소기보다 못하다는 생각이 자꾸만 들었다. 기계의 소음도 줄어들고 무게도 가벼운데 무엇이 문제일까 곰곰 되짚어 보았다. 투박한 옛날 청소기보다 먼지를 흡수하는 능력이 떨어지는 것이 흠이었다. 겉

모양만 예쁜 청소기를 산 걸 후회하기에는 이미 늦었다. 이제는 싫다고 물릴 수도 없었다.

그즈음, 남편에게 나 아닌 다른 여자가 있다는 걸 알게 되었다. 그가 만나는 여자는 새로 산 청소기 같은 여자였다. 전화기 속의 그 여자는 간드러진 위쪽 지방 말씨를 쓰고 있었다. 목소리에 나긋함과 젊음이 배어있었다. 그런 여자지만 남편이 그녀를 만나면서 편안하고 행복했었다는 흔적은 찾아볼 수 없었다.

지난 몇 달간 내가 본 그의 낯빛은 사는 일이 더 이상 환멸스러울 수 없는 것처럼 보였다. 일이 제대로 풀리지 않는다며 툭하면 거칠게 행동했다. 말없이 집에 들어오지 않는 날이 습관처럼 굳어갔다. 그는 마치 오늘만 살고 말 것처럼 술을 마셨다. 그럴 때마다 나는 그의 몹쓸 다감함을 떠올리며 힘든 그를 위로하려고 무진 애를 썼다. 그러나 그는 밖으로만 돌았을 뿐이다.

나를 참을 수 없게 하는 건 다른 누군가가 아니라 나 자신이었다. 투박하고 못생긴 청소기처럼 살아온 날들이 바보 같다는 생각을 떨쳐버릴 수 없었다. 한없는 자책에 빠져 스스로를 갉아먹던 나는 결국엔 앓아누웠다. 부르지 않아도 봄은 왔지만 나는 폐허처럼 누워만 지냈다.

오늘이 어제 같고 어제가 내일인 날의 연속이었다. 세상 돌아가는 소식이나 들으려고 켜놓은 텔레비전은 저 혼자 시끄러웠는데 문득 다가오는 한 마디가 있었다.

'세상이 아무리 어수선해도 꽃은 피고, 불어야 될 바람은 불고, 봄은 온다.'

나는 느닷없이 봄 구경이 하고 싶었다. 간신히 자리를 털고 일어나 꾸역꾸역 물에 말은 밥을 먹고 억지 기운을 차렸다. 어설프나마 채비를 하고 무작정 남쪽으로 차를 몰았다. 오랜만에 바라보는 하늘은 눈이 시리고 햇빛은 몽롱했다. 고속도로 어디쯤에서 청학동이란 이정표와 맞닥뜨렸다. '청학동', 언젠가 내가 꿈꾸었던 적 있는 이상향이었다.

청학동엘 가면 푸른 학을 만날 수 있을까. 사람의 얼굴을 닮은, 신선이 타고 다닌다는 영물. 파란 바위와 검은 골짜기를 지나 가끔씩 내려와 물을 마신다는 깊은 연못엘 가면 만날 수 있을까. 여덟 개나 된다는 청학의 날개 하나를 빌려 타고 나도 하늘을 날아보면 어떨까. 말 안 하고도 살 수 있는 청학의 등에 올라타면 숨쉬기도 한결 수월하지 않을까.

묻고 또 물어 찾아간 청학 연못에서 나는 푸른 학의 그림자도 보지 못했다. 흰 옷 입은 도인들이 사는 조용한 골짜기에서 내가 본 건 바람이었다. 바람은 한순간도 제 자리에 머무는 법이 없었다. 끊임없이 움직여서 꽃을 깨우고 계곡물을 흔들었다. 바람이 저렇듯 쉼 없이 불어 가면 어느 사이엔가 봄꽃은 시들고 계절은 지나갈 터였다. 죽을 만큼 아픈 상처도 바람결에 아물어서 흔적도 없이 사라질 거라고 상상 속의 청학이 내게 말하는 소리가 들리는 것 같았다.

    지나고 보면 그때 본 바람은 청학동에만 부는 것이 아니었다. 세상 어디에나 바람은 불고 꽃은 피고 또 졌다. 내가 그토록 간절히 찾던 청학은 바로 내 가까이에, 내 맘 속에 있었다.

제2부

진실의 입

돌아오는 비행기 안에서 진실의 입을 생각했다. 그때 문득 우울한 영혼을 닮은 사이프러스 나무가 내 속에서 말을 했다. 그가 사라졌던 건 담배 때문이 아니었다고 했다. 겁이 많은 그가 진실의 입을 두려워하는 것 같았다고 했다. 그는 무엇이 그렇게 두려웠을까. 성당에 속한 조각상이어서 신 앞에 마주 서는 일이 그를 꼭꼭 숨어버리게 만들었을까. 헵번이 아닌 나이 든 아내를 마주하는 일이 부담스러웠을까. 그의 마음에 들어가 보지 않았으니 영원히 모르고 지날 수밖에 없다. -「진실의 입」

진실의 입

굴비

에꾸, 애꾸

손바닥 뒤집듯

소금꽃

매미와 호박벌

권 양

화원유원지

꽃눈

감미로운 착각

진실의 입

딸아이와 나는 비슷한 아버지를 두었다. 그로 인해 남들과 다른 통점을 가지고 있다. 나는 어머니께서 아버지 이야길 눈곱만큼도 섭섭하게 하는 걸 견디지 못한다. 딸아이 역시 그런 나를 못 견뎌한다. 우리는 정교한 체를 통해 세밀하게 걸러낸 아버지 이야기만 듣기를 원한다. 성근 체에서 흘러내린 말들은 나와 딸의 통점을 건드린다. 나는 가끔 어머니께 내 마음을 베였다는 걸 깜빡 잊고 딸의 심장을 할퀴곤 한다.

그런 딸아이와는 자그락거리면서도 함께 여행하길 좋아한다. 어느 저녁 식탁에서 막걸리 잔을 기울이다 우리는 마음이 맞았다. 폰을 열어 이웃 나라로 가는 항공편을 예약해 버린 것이다. 마당귀에 목련이 입술을 내밀까 말까 여러 날을 망설이는 중이었다. 바깥엔 냉랭한 바람이 연이어 불었다. 봄이 더디게 찾아오는 골짜기를 떠나 따뜻한 곳으로 가고 싶은 생각이 간절했다. 가장 추운 곳에서 최선의 겨울을 보내고 온 딸아이는 모처럼 주머니가 넉넉했다. 덕분에 우리는 몸만 떠나면 되는 여행이었지만 그는 강아지를 혼자 둘 수 없다며 동행을 거절했다.

엿새 일정으로 간사이 지방을 둘러볼 예정이었다. 오사카는 마침 벚꽃 시즌이라고 했다. 먼저 온 봄을 만나러 간다는 건 오랜 연인과의 해후만큼 사람을 들뜨게 했다. 짐을 꾸리면서도 마음엔 이미 봄의 향기로 가득했다. 숙소는 딸아이가 몇 해 전 머문 적이 있다는 다마츠쿠리역 근처로 정했다. 오사카 부근의 넓고 안락한 곳이어서 비용이 다소 부담되었지만 남편을 닮은 딸아이는 통이 컸다.

도착한 첫날은 이미 해가 진 후였다. 이국의 공항을 빠져나와 숙소로 오는 동안 나는 쉬고 싶었고, 딸아이는 시간이 지날수록 눈매가 맑아졌다. 나를 위해 근사한 저녁을 먹고 싶어 했지만 지친 나는 딸아이가 자주 다녔다는 편의점 음식으로 허술한 저녁을 대신했다. 따뜻한 청주 한 잔을 곁들일 수 있어 족했다. 지친 여행자를 위로하듯 숙소 맞은편 오래된 벚나무 두 그루가 오렌지빛 가로등 아래서 막 절정을 향해 치닫고 있었다. 그걸로 충분했다. 배는 눈으로도 부를 수 있다는 걸 딸아이도 이미 알고 있었다.

눈을 뜨자마자 교토로 가기 위해 전철을 탔다. 뱃속이 허전해서 교바시역에 내렸다. 꽃구경도 식후경이라 했으니 천년의 숨결을 맡기 전에 허기부터 채워야지 싶었다. 상점가 입구 벽에는 로마에 있어야 할 진실의 입이 실물 크기와 똑 같이 장식되어 있었다. 딸아이는 의아한 표정의 나를 보며 조각상이 진실을 파는 상가를 의미한다고 알려주었다. 나는 애써 떠올리고 싶지 않은 기억을 마주하게 되어 갑자기 피로가 밀려들었다. 토스카나 지방을 지나며 키 큰 사이프러스 나무 아래 어디쯤 묻어두고 왔다고 생각했던 생채기 난 영혼 한 조각이 나를 헤집었다.

패키지 유럽 여행은 고난의 연속이었다. 열흘 동안 다섯 나라를 둘러보느라 일정은 빡빡했다. 머물고 싶지 않은 곳에선 오래 머물렀으며, 머물고 싶은 곳에선 눈길만 주고 떠났다. 아주 잠깐 사진만 찍기 위해 꼭두새벽부터 일어나 오랜 시간 버스를 타고 이동하기도 했다. 여행자가 아니라 근로자 같다는 현지인들의 비아냥거림이 참으로 적절하다 싶었다. 가는 곳마다 발 디딜 틈 없이 넘쳐나는 사람들은 자유롭지 못한 단체 여행객을 더욱 지치게 했다.

줄담배를 즐기는 남편은 거리에서의 흡연이 자유로운 이국의 문화가 마음에 쏙 드는 모양이었다. 끽연을 위해 버스가 멈추기 바쁘게 무리에서 이탈하곤 했다. 거리엔 담배꽁초나 씹다 버린 껌이 넘쳐났지만 그는 쓰레기통을 찾아 멀리까지 갔다 오는지 시간이 오래 걸렸다. 함께 여행 온 부부들은 나란히 걷거나 어깨를 감싸고 다녔지만 나는 툭하면 혼자였다. 그러거나 말거나 커다란 카메라를 들고 이곳저곳 사진을 찍는 재미에 빠져 남편이 곁에 없다는 걸 크게 신경 쓰지 않았다. 프랑스와 스위스를 거쳐 로마에 닿기 전에는.

그토록 고대하던 진실의 입 앞에 당도해서야 알게 되었다. 헵번과 그레고리 팩이 누비고 다녔던 아름다운 로마는 영화에서나 가능한 일이었다. 그곳은 시장통보다 더 번잡한 곳이 되어 있었다. 안내인은 중국인 여행객이 떼로 몰려오면 줄이 끝도 없이 길어진다며 일행을 다그쳤다. 영화에서처럼은 아니더라도 진실의 입과 대면하기 위해 서둘러 줄을 서야 했다. 내 순서가 다가오고 있었지만 사라진 남편은 좀처럼 돌아오지 않았다. 울상을 한 채 계속 주변을 둘러보았지만 그는 여전히 보이지 않았다.

다른 부부들은 사자의 입 속에 손을 넣고 다정하게 자세를 취했다. 주책없이 그가 가장 싫어하는 눈물이 나려고 했다. 애써 꾹 참았다. 순서가 되어 혼자서 사자의 입 앞에 섰다. 그를 기다려 맨 뒤로 가기에는 줄이 너무 길었다. 대리석으로 만든 사자가 차라리 내 손을 꽉 물고 놓아주지 않았으면 싶었다. 그가 구해주러 올 때까지 거기에 붙들려 있고 싶었다. 혼자 붙들린 채 있는 나를 뒤늦게 나타난 그가 안타깝게 바라봐 주었으면 했다. 하지만 진실의 입은 영화에서처럼 아무 역할도 하지 못했다. 진실의 입의 진실은 옛 하수도 뚜껑을 떼어 걸어놓은 것일 뿐이었다.

늦게 나타난 그는 섭섭하다는 듯 나를 나무랐다. 어디를 갔었느냐며 묻는 내게 도리어 화를 냈다. 아내를 버려두고 사라졌던 것에 대한 미안함은 안중에도 없어 보였다. 평소에도 그는 잘못을 하고 먼저 화를 내서 나를 주눅 들게 만들곤 했다. 일행들이 눈치챌까 걱정되었다. 어쩔 수 없이 그를 달랬다. 내가 무슨 잘못을 했는지도 모른 채 그의 화를 풀어주려 무진 애를 썼다. 하지만 그는 오랫동안 일행들에게서 아주 분리된 채 담배만 줄기차게 피워댔을 뿐이다.

트레비 분수에서의 동전 던지기도, 스페인 광장에서 헵번이 먹었다는 젤라토 아이스크림도 우리에겐 남의 일이었다. 유럽에서 가장 유명하다는 커피 전문점에서 좋아하는 에스프레소를 먹고 싶은 생각이 간절했지만 그럴 수 없었다. 콜로세움에서도 그는 완강한 자세를 유지했다. 나는 쓰러져가는 콜로세움보다 더 찌그러지려는 표정을 억지로 바로잡으며 그를 달랬으나 별 소용이 없었다. 흔하게 일어난다는 지진이라도 만나 땅속으로 꺼져버리고 싶었지만 그런 일은 일어나지 않았다. 그가 겨우 마음을 누그러뜨렸을 땐 여행의 설렘이나 기쁨은 이미 사라지고 난 후였다.

교토의 봄은 어딘가 고풍스러운 데가 있었다. 딸아이가 내게 꼭 보여주고 싶었다는 오래된 정원에는 초록빛 연못을 배경으로 몇 백 년 묵은 벚나무가 완연한 봄을 연주하고 있었다. 딸아이는 내 곁에 붙어 서서 봄 정원의 새처럼 속삭이곤 했다. 오사카 성에도 봄은 여전히 당도해서 지친 여행객을 환하게 맞아주었다. 고베의 온천에서, 나라시의 사슴 공원에서도 딸아이와 나는 충분히 여행을 즐겼다. 진실의 입에 뜯겼던 보이지 않는 상처를 떠올리고 싶지 않았다. 다만 화려한 봄 가운데를 거니는 여행자로서의 본분에 충실하고자 했다.

여행에서 돌아오기 하루 전 딸아이와 난 기어이 부딪치고 말았다. 낮에 오사카 시내를 거닐며 한적한 카페를 찾느라 지쳐버린 우리는 이미 조금은 토라져 있었다. 그 저녁 화해를 위한 술자리에서 딸아이는 무심코 우리 부부의 유럽 여행은 어땠었냐고 물었다. 나는 미처 촘촘한 체도 준비하지 않은 채였다. 정말이지 그때 남편은 다루기 힘든 다섯 살 꼬마 같았으니까.

다음날 우리는 엉켜있던 마음을 풀었다. 사과의 뉘앙스가 담긴 어떤 말도 주고받지 않았지만 우리는 언제나 그랬다. 서로의 마음이 말랑해지고 나서야 엉켰었던 감정을 가지런히 정리했을 뿐이다. 지나고 보니 엄마와 딸 사이의 보이지 않는 끈은 온기를 머금은 바람처럼 언제나 나긋했다.

돌아오는 비행기 안에서 진실의 입을 생각했다. 그때 문득 우울한 영혼을 닮은 사이프러스 나무가 내 속에서 말을 했다. 그가 사라졌던 건 담배 때문이 아니었다고 했다. 겁이 많은 그가 진실의 입을 두려워하는 것 같았다고 했다. 그는 무엇이 그렇게 두려웠을까. 성당에 속한 조각상이어서 신 앞에 마주 서는 일이 그를 꼭꼭 숨어버리게 만들었을까. 헵번이 아닌 나이 든 아내를 마주하는 일이 부담스러웠을까. 그의 마음에 들어가 보지 않았으니 영원히 모르고 지날 수밖에 없다.

집에 돌아왔을 땐 우리가 사는 골짜기에도 봄은 흐드러져 있었다. 그는 우리가 현관을 들어서기 바쁘게 자신의 무용담을 펼쳐놓기 시작했다. 아내가 적어놓고 간 밥솥 설명서를 보며 결혼 후 처음으로 자신이 한 밥이 세상에서 제일 맛있더라고 했다. 식탁 위에서 우리 모녀를 기다리며 피어있던 참꽃 화병이 부끄러운 듯 얼굴을 붉혔다. 딸아이와 나는 부재중인 두 여자를 기다리다 목이 길어진 강아지를 끌어안고 서로의 통점을 다독였다. 마당에는 딸아이의 입술을 닮은 목련이 봄밤을 온화하게 밝히고 서 있었다.

굴비

<mark>휴일</mark> 오후 난데없는 확성기 소리가 창문을 비집고 들어왔다. 귀한 영광굴비가 왔으니 빨리 와서 모셔가라고 했다. 준비 물량이 넉넉지 않으니 늦게 나오면 가져갈 게 없을지 모른다고 귀여운 엄포도 놓았다. 우리 아파트 주민에게만 산지 특별가격으로 준다고도 했다. 바깥이 수런거리기 시작했다.

베란다 창문으로 내다보았다. 꾸역꾸역 밀려 나오는 사람들의 무리가 고깃배 선단이 도착한 목넹기의 파시를 연상케 했다. 갈수록 와자해지면서 지방의 어물상들이 모여 북새통을 이루던 칠산 앞바다 황금어장도 일렁거렸다. 사방이 산으로 둘려 싸여 분지라 이름 붙여진 이 도시의 아파트 마당에 마법처럼 깊고 푸른 법성포구가 펼쳐졌다. 칠산 바다의 조기떼가 서해의 햇빛과 바

람에 영근 소금으로 치장하고 모두 이 도시로 온 것 같았다.
 사람들의 줄은 길게 이어졌다. 남편도 게으른 아내를 대신하여 그 사이에 끼었다. 장모님이 좋아하시니 한 두름, 우리도 먹어야 하니 한 두름. 그래 두 두름을 사니 간 고등어 한 손도 덤으로 얹어 주더라며 남편은 아이처럼 좋아했다. 장모까지 생각하는 마음이 기특해서 그의 엉덩이를 토닥토닥 두드려주긴 했지만 정작 굴비의 크기는 무척 작았다. 저 조그만 생선을 어찌 먹을까 싶었다. 트럭에 그득하던 굴비는 금세 바닥이 났는지 포구가 펼쳐졌던 아파트 마당은 이내 조용해졌다.
 그날 저녁상은 일찌감치 차렸다. 나는 비린 생선을 좋아하지 않지만 어떻든 남편 덕분에 찬거리 걱정은 해결된 셈이었다. 낮에 산 굴비를 푸짐하게 구웠다. 어른 아이 할 것 없이 손가락을 쭉쭉 빨아가며 맛나게 먹었다. 아무래도 법성포 바다 냄새가 식욕을 돋운 모양이었다. 이웃집들도 굴비 굽는 냄새가 진동하고 마음껏 휴일 저녁의 포만감에 젖어있을 터였다.
 어린 굴비의 살을 바르며 나는 아파트 주차장에 **빽빽**한 자동차를 생각했다. 불황이란 말이 생활에 스며들면서 주말이 돌아와도 자동차는 움직이질 않았다. 비닐 노끈에 꽁꽁 묶인 굴비처럼 사람들은 모처럼의 휴일에도 나들이를 가지 않고 집안에만 붙박여 지내는지 주차장은 빈틈이 없었다. 서해바다를 마음껏 헤엄치는 커다란 조기가 되지 못하고 아직 어린데도 어부의 그

물망에 걸려 소금에 간해진 채 우리 집 식탁에 오른 굴비가 갑자기 목에 걸렸다.

설거지를 마친 후 몇 가지 찬거리를 챙겨 어머니께 갔다. 그중 굴비 두름을 본 어머니는 반색을 하셨다. 이렇게 귀한 걸 어찌 사 왔느냐며 오랜만에 흐뭇한 눈길도 주셨다. 명절에 비싼 소고기를 끊어다 줬을 때보다 더 좋아하시는 것 같았다. 입맛이 없다는 말씀을 입에 달고 사시는 어머니를 이리 기쁘게도 할 수 있다니 굴비 장수가 자주 왔으면 싶었다.

며칠 뒤 동네 대형마트에 갔다. 똑같은 굴비를 훨씬 싼값에 팔고 있었다. 직원 말로는 행사가격이라고 했다. 얼른 두 두름을 샀다. 갑자기 늘어난 부피에 냉동실이 미어터졌다. 굴비를 끼마다 상에 올릴 수도 없는 일이어서 냉동실은 당분간 소화불량 상태를 면치 못할 터였다. 어머니께도 또 한 두름을 가져다 드렸다. 굴비를 본 어머니의 표정은 처음과는 사뭇 달랐다. 아직 먹을 게 많이 남았는데 싸다고 무턱대고 사는 건 잘못된 처사라는 표정이 역력했다. 난처해진 나는 그놈의 굴비가 사람의 기분을 제 마음대로 요리한다며 혼자 짜증을 부렸다. 그나저나 마트에 갈 때마다 유심히 보았지만 굴비값은 항상 행사가격 그대로였다.

어느 휴일, 예전의 그 쫙 깔리는 목소리가 들렸다. 귀한 영광 굴비가 왔다고 했다. 아무에게나 다 줄 수는 없다고 했다. 선착순으로 공급되니 빨리 나오시라고 했다. 하지만 아파트 마당은

썰렁했다. 주차장엔 여전히 차들이 빽빽했지만 굴비를 사러 나오는 사람들의 수는 예전 같지 않았다. 영광굴비의 체면이 자꾸만 곤두박질치고 있었다. 마트에 파는 싼값의 굴비를 산 사람이나 말고도 많은 모양이었다. 자꾸만 기운을 잃어가는 확성기 소리를 들으며 내 마음이 짠해왔다.

무심코 반대편 창문 너머로 내다본 대형마트 야외주차장은 마치 중고차 시장을 방불케 했다. 그런 와중에도 연이어 밀려드는 차들을 보면서 뒤늦은 후회가 물밀듯 밀려들었다. 내가 대형마트의 싼 물건을 사면서 좋아하는 건, 이웃 보따리장수를 망하게 해 놓고 경기가 나빠진다고 걱정하는 것과 무에 다를까.

에꾸, 애꾸

 밤안개가 짙다. 삼자현을 오르며 차의 등받이를 당기고 정신을 바짝 차린다. 마주 오는 차의 한쪽 눈이 고장 났다. 서행하는 차들을 피해 가며 외눈박이 자동차는 속력을 낸다. 고갯마루에 올라서니 안개는 더욱 자우룩하다. 풍차 곁에서 향이 좋은 커피를 마시려던 생각은 저만치 멀어진다.

 글쓰기 반에 오는 아이의 시에 애꾸눈이 강아지 이야기가 있었다. 어느 아침, 마당 가운데 뱀이 나타났다. 호기심이 발동한 강아지는 앞발로 툭 건드려 보았다. 뱀은 놀라서 강아지의 발꿈치를 물었다. 화가 난 애꾸는 뱀의 몸통을 짓이겨 반으로 잘랐고 그걸 본 아이의 아버지는 뒷마당 깨어진 항아리 옆에다 묻었다고 했다.

두 눈이 멀쩡한 사람들도 세상 보는 일이 마냥 어려울 때가 있다. 몽환과도 같은 안갯속을 한쪽 눈으로 질주하던 차와 기다란 뱀을 동강 낸 외눈박이 강아지를 떠올리며 나는 조심스레 안개를 비집고 내리막길로 접어든다.

손바닥 뒤집듯

고양이 하품처럼 가을비 내린다. 일만 아는 시골 아낙들이 모처럼 들일을 쉬는 날이다. 그네들은 아침상 물리기 바쁘게 읍내 미장원으로 몰려든다. 뜸했던 소식도 주고받고 수세미같이 뭉쳐 두었던 머리도 매만질 겸 해서다. 관절이 고장나 삐걱대기 시작한 아낙들이 푹신한 의자에 궁둥이를 파묻고 앉으면 한나절은 훌쩍 지나간다. 정류장 귀퉁이 푸른 것이라곤 찾아보기 힘든 푸른 미장원은 비 오는 날이면 늘 북적인다.

하필 오늘 같은 날 파마가 하고 싶다. 별 것도 아닌 일이 걷잡을 수 없을 만큼 간절해진다. 모자를 대충 눌러쓰고 운전대를 잡는다. 군 소재지 미장원은 비 오는 날이라 하여 크게 붐비진 않는다. 낯선 곳이 성가신 나는 전에 몇 번 들렀던 미장원을 찾아

들어간다. 외피가 벗겨지고 가운데가 푹 주저앉은 낡은 소파 한쪽에 아는 얼굴이 앉았다. 내가 선배라 부르는 그녀는 좀체 쉬는 법을 모르는 지독한 일벌레다. 만평이 넘는 땅에 작물을 심고 가꾸는 억척 농부다. 그녀 곁에 앉아 연신 강냉이를 입으로 퍼 나르고 있는 여자는 그녀의 친구인 모양이다. 눈이 마주치고 후배인 내가 먼저 아는 체를 한다.

농사꾼인 듯한 건장한 남자가 머리를 자르고 일어선다. 그녀가 툭 튕겨져 나오는가 싶더니 남자가 앉았던 자리를 꿰찬다. 그녀의 순번인 모양이다. 미처 먼지도 앉기 전이다. 그리곤 나이 든 여자답지 않게 남자의 등 뒤에 대고 공손한 인사를 한다.

"자리 따뜻하게 데워줘서 고맙습니다."

더 따뜻한 인사에 손님들이 마주보며 웃는다. 거울 속에 보이는 그녀가 뜬금없이 예뻐 보인다.

그녀도 비 덕분에 짬이 난 모양이다. 나는 커피 한 잔을 빼 들고 아직 파마기가 남아있는 그녀의 뒤통수를 가만히 응시한다. 이번 비는 꽤 오랜만에 오는 것이므로 그녀가 머리 손질을 한 지도 한참 되었을 거라고 혼자 가늠해 본다. 아마 그녀가 다음에 미장원을 찾는 날도 여전히 비는 내릴 테고, 아주 오래가는 파마 머리를 할 거라고 마음대로 단정지어 버린다. 강냉이에 빠진 친구 역시 내내 농사 얘길 하는 걸 보니 그럴 것 같다.

내 순서가 되어 거울 앞에 앉는다. 주인 여자는 평소처럼 웨이

브를 살짝만 넣을 거냐고 묻고 나는 꼬불거리는 파마를 해 달라고 주문한다. 뜻밖이라는 듯 거울 속에 비친 여자의 눈이 동그랗게 부푼다. 미장원에 올 때까지만 해도 생각지 않던 일이다. 불쑥 내뱉어 놓고 내가 놀라 움찔한다. 그녀와 눈이 마주치는 순간 수시로 미장원을 드나드는 내가 부끄러워진다. 억척인 그녀처럼 살진 못해도 미장원 다니는 횟수는 줄여볼 요량을 했다. 이처럼 착한 생각을 하다니 팔을 길게 늘여 내가 나를 안아주고 싶다.

머리를 말고 소파 한쪽을 비집고 앉는다. 그녀는 머리 손질이 끝난 지 한참인데도 선뜻 갈 생각을 않고 미적댄다. 왼손으로 오른 손가락을 꾹꾹 누르는 동작을 되풀이한다. 가만 보니 오른 손가락마다 관절은 튀어나왔고, 손끝은 구부러졌다. 통증이 있는 듯 얼굴이 일그러진다. 나는 그녀의 손가락을 가리키며 병원엔 가 보았느냐고 묻는다. 일이 많아 침만 맞고 버티다 병원 가는 시기를 놓쳤단다. 이젠 원래대로 되긴 어렵다는 말을 하는 그녀가 딱해 보인다. 여자는 아무리 나이 들어도 여자라는데 기형이 되어버린 그녀의 손가락을 보니 내 마음마저 짠하다.

집에 돌아와서도 그녀 생각이 가시질 않는다. 초보 농사꾼인 나도 팔꿈치에 생긴 염증 때문에 수시로 신음을 내뱉는다. 손가락 모양이 변형되도록 평생을 일만 한 그녀의 몸은 이미 헤프게 삭아 내리고 있는지도 모른다. 그녀를 닮고 싶었던 자신이 싫어진다. 비 오는 날 푸른 미장원을 찾는 몇몇 아낙들처럼 내 무릎

뼈가 날씨를 미리 짐작하는 날이 올까 더럭 겁이 난다. 지금보다 좀 덜 착하게, 더 게으르게 살아야지 싶다.

어두워지고 누군가 창문을 요란하게 두드리나 싶더니 집이 통째로 흔들린다. 강아지는 제 집을 뛰쳐나와 숨을 곳을 찾는지 우악스레 짖어댄다. 손에 들었던 삶은 땅콩 그릇을 어디다 팽개쳤는지 모르겠다. 허둥대다 생각하니 처음 경험하는 강한 지진이다. 뒤이어 온 지진은 처음보다 더 무섭다. 재난 경보가 저승에서 온 기별로 들린다. 멀쩡하던 속이 매스껍고 머리가 어지럽다. 살아가는 일이 한순간에 나락으로 떨어지는 일이다 싶어 헛웃음만 난다. 게을러지겠다고 맘먹은 지 하루도 지나지 않았는데 나는 다시 거꾸로 돌아간다. 지금껏 그랬듯 열심히 살 테니 그만 좀 하라고 껌껌한 하늘에 대고 억지를 부린다. 아무래도 값비싼 헤어숍을 찾아 머리를 하는 일은 당분간 요원하겠다.

소금꽃

　곰소의 여름은 짭짤하다. 곰소에서는 태양도 소금밥을 먹고 뜬다. 사는 일이 물에 물탄 듯 싱겁게 느껴질 때 나는 곰소로 간다. 폭양 아래서 소금꽃을 피우는 염부를 만나러 간다. 소금밭 물거울에 비친 그들 경건한 몸짓을 매만지러 간다.
　염전 초입에서 허기에 발목이 잡혔다. 무한정 내어주는 간장게장 한 상차림으로 점심을 먹는다. 등딱지 살은 비리고 짠데 뒤이어 오는 고소함이 앞에 맛을 덮고도 남을 만큼 관대한 맛이다. 다리 살은 입천장에 착 달라붙을 만큼 찰지다. 체면이란 녀석은 뉘 집 빨랫줄에나 걸어두고 쩝쩝거리는 소리 곁들여 알뜰하게 발라먹는다. 짭조름해진 입안을 함께 나온 바지락 국물로 헹군다. 서해 한 귀퉁이가 딸려 들어온다. 향긋하니 시원하다. 등딱지에 쌀밥을 비벼 맨김에 싸서 한 입 먹는다. 비린 맛을 또 다른 비린 맛이 품어준다는 걸 바다에 등 기대고 사는 사람들은 일찍부터 알고 있었나 보다. 포근하게 안기는 맛이다. 남은 밥 한 술에 갈치속젓을 얹어 마저 비우니 비로소 바다에서 나는 작은 금이 이것들을 완성했다는 생각에 미친다.

세자 책봉을 앞둔 선조가 왕자들을 불러 모아 슬기를 시험했다. 세상에서 가장 맛있는 음식이 무엇이라 생각하느냐고 물었다. 다른 왕자들이 떡이며 꿀, 고기라는 말을 늘어놓을 때 광해군은 소금이라 답했다. 모든 음식엔 소금이 들어가야 맛을 내기 때문이라는 말도 덧붙였다. 왕을 만들어 낸 소금이 몸속에 들어온 덕분인가 처졌던 기운이 솟는다.

게장 냄새와 젓갈 냄새가 골고루 밴 몸을 이끌고 그들 기원을 찾아가듯 소금밭에 이른다. 여름 한낮의 태양은 강렬하다 못해 폭력적이다. 너른 염전에 가득 들어찬 소금물을 덜덜 볶을 것처럼 따갑게 쏟아붓는다. 소금밭을 가꾸는 염부가 가장 좋아하는 볕이다. 뙤약볕 아래 꽃모자를 눌러쓴 염부가 보인다. 소금꽃이 피기 시작한 염전을 고무래로 훑으며 지나간다. 의아스러워하는 방문객을 향해 자는 물을 흔들어 깨워야 소금꽃이 빨리 핀다며 귀띔을 한다. 고여 있던 소금물이 은빛으로 흔들리더니 얕은 소금밭은 이내 고요를 찾는다. 멀리 능가산 꼭대기와 명징한 하늘이 잽싸게 들어와 가부좌를 튼다. 염부의 일손은 더 바빠져야 될 것 같다. 벌써 갈증이 나는 걸 보니 싱거운 일상에서 떠나오긴 했나 보다.

낡은 소금창고 귀퉁이 보자기만 한 그늘을 깔고 앉는다. 소금밭을 보러 와서는 뙤약볕이 무서워 숨어서 보낼 참이다. 바람과 햇볕과 사람이 간여해서 소금꽃 피우는 일을 넌지시 지켜본다. 태양이 소금물을 갉아먹는 동안 바람이 거들고 고무래 든 염부가 부추기는 걸 바라본다. 물이 꽃이 되려고 부대끼는 염전 바닥에 내 마음을 꺼내 비춰본다. 소금밥 먹는 볕과 귀때기마저 하얀 바람과 대파질로 뼈대가 굵어진 염부만큼 독하게 살았는지 묻는 소리 들린다. 늘 뒷걸음치며 살아온 터라 대답이 궁색하다. 스무 날을 공들여야 귀한 소금은 온다는데 겨우 한나절을 쪼그리고 앉아 나는 무얼 하자는 것일까. 소금꽃 피는 소리와 물거울에 비친 염부의 표정을 음미하며 마음에 적당히 간이 배이길 기다린다.

일 년에 반을 염부는 소금밭에 빠져 산다. 달무리를 보고 바람의 방향을 읽으며 우주와 소통한다. 언제쯤 낮은 지붕으로 된 해주 아래 소금물을 가둬야 할지를 미리 가늠한다. 꽃모자 쓴 염부의 고무장화 안에서는 땀에 절어 끈적이는 발이 미끄럼을 탄다. 토시 낀 팔이며 햇볕을 정면으로 받는 등줄기에서도 땀은 비처럼 흐른다. 그에겐 제 몸마저 염전이다. 물거울에 비친 하늘을 쓰다듬으며 성전을 가꾸듯 고무래를 미는 염부는 소금을 바가지로 쏟은 저녁, 막걸리 한 사발로 몸을 위무하는 삶의 멋도 안다. 생이 농축된 가장 짠맛은 어쩌면 지극히 감미로울지도 모를 일이다.

나는 잠시 소금 창고를 기웃거린다. 함석지붕을 이고 벽에는 기다란 판자를 덧댄 소금창고는 염전 가장자리에 줄을 지어 서 있다. 그 속엔 소금산이 살고 있다. 쓴맛을 제하고 단맛을 품으려는 창고의 시간이 곰삭고 있다. 간수를 버리느라 흘렸을 창고의 눈물을 생각한다. 달짝지근한 소금을 낳기 위해 엎드렸던 창고의 기억 속에 부패한 것들은 없다. 소금을 오래 안으면 햇볕으로 달아난 물의 영혼처럼 가벼워질 수 있다. 누가 소금을 짜다고 했을까. 소금창고가 간직한 하얗고 작은 금은 달다.

능가산 너머로 노을이 진다. 소금꽃이 잠을 청할 시간이다. 한 뼘 그늘도 없이 염전을 누비던 염부가 장화를 벗어 툭툭 턴다. 마음에 한소끔 소금 간이 밴 나도 이제는 돌아갈 채비를 한다. 소금꽃 피우는 일처럼 독하고 덤덤하게 살아갈 준비를 마친다.

매미와 호박벌

주말 아침, 주방에서 김밥을 싸던 딸아이가 의아한 듯 외쳤다. 분명히 김밥 속 재료를 똑같이 준비했는데 다 싸고 보니 재료 몇 가지가 남았단다. 보나 마나 뻔하다. 속이 꽉 찬 김밥에 비해 약간 헐거운 김밥 몇 줄은 맛이 싱거울 터다.

지방선거가 있기 전 선거공보를 읽는데 많은 시간을 할애했다. 속이 꽉 찬 김밥 같은 후보자를 고르기 위한 일이었다. 환히 웃는 얼굴 아래 엄청나게 쏟아낸 공약들을 먼저 살폈다. 조목조목 심복이 되기를 자처하는 그들은 하나같이 소신 있는 일꾼이 되겠다는 다짐을 하고 있었다. 평소에 점찍어 둔 이가 없는 나는 아무리 봐도 헷갈렸다. 이런 사정은 옆집도 마찬가지였다. 지역에서 꾸준히 업적을 쌓은 후보가 있다면 유권자는 이런 고민 따원 안 해도 될 것이란 엉뚱한 기대마저 들었다.

유세 차량은 선거기간 내내 동네를 쩌렁쩌렁 울리며 오갔다. 지지를 호소하는 후보자들의 반갑잖은 문자 메시지도 계속해서 날아들었다. 올바른 판단을 하는데 도움이 되기는커녕 소음으로만 여겨졌다. 골목을 점령한 확성기 소리는 주말 오후의 행복한 독서를 끈질기게 방해했다. 참다못한 나는 창문을 넘어오는 목소리의 주인공을 내가 뽑을 명단에서 제외했다. 스팸 문자를 보내는 후보자를 추려보았더니 그들을 다 제하면 남는 후보는 몇 없을 것 같았다.

지끈거리는 머리를 식히러 밭에 나갔다. 지난해 굴퉁이가 열린 자리에 풀이 무성했다. 쭈그리고 앉아 호미질을 하다 보니 징그러운 굼벵이 몇 마리가 호미 끝에 걸려 나왔다. 무려 칠 년여를 어두운 땅속에서 보낸 뒤 지상으로 올라와 이레 남짓 살다 죽는다는 매미 굼벵이였다. 두엄더미 속에서 맑은 기운을 축적해 매미가 되는 성스러운 일생을 방해할 수는 없었다.

서둘러 제자리에 놓고 흙으로 다독인 후 돌아서는데 호박벌 한 마리가 호박꽃에 날아들었다. 호박벌은 몸에 비해 날개가 턱없이 작고 가벼워 공기역학적으로는 떠 있는 것조차 불가능한 꽃벌이다. 자신이 날 수 없는 벌이란 걸 모르는 듯 꿀을 모으겠다는 목적만으로 아침부터 저녁까지 쉬지 않고 일주일에 1천600㎞를 날아다닌다. 나는 호박벌의 비행을 보며 희망을 읽었다.

각 지방을 대표하는 인물들은 가려졌다. 제발이지 유권자들이 맘먹고 뽑은 일꾼이 겉만 그럴듯하고 속은 덜 여문 굴퉁이가 아니라 오랜 굼벵이의 과정을 거쳐 비로소 아름다운 노래를 하는 매미이기를, 주민을 위해 세상에서 가장 부지런한 호박벌이기를 기대한다.

권 양

아래채에 노처녀 권 양이 세 들어 살았다. 부모는 아랫동네에서 그녀처럼 남의 집 세를 산다고 했다. 가정형편이 어렵다는 말을 서슴없이 할 정도로 솔직한 성격이었지만 수다스럽지는 않았다. 공장에 다니는 그녀는 솜씨 좋은 베테랑 직수였다. 한 주마다 주야간 교대로 일했으므로 햇볕 쬘 시간이 늘 부족했다. 하얗다 못해 창백한 피부는 검고 긴 머릿결로 인해 더욱 눈에 띄었다. 예쁜 얼굴은 아니라도 군살 없는 몸매에 큰 키는 단연 돋보였고, 눈치 또한 빨랐다. 가끔씩 땡도넛 따위 간식거리를 만들어 나눠주기도 했는데 안채에서 건너간 음식 접시에 대한 인사였다.

그녀는 두 주에 한번 쉬는 주말이면 쌓인 피곤을 끌어안고 늦도록 잠을 잤다. 전날 야근을 한 날이면 해거름이 되어서야 일어나곤 했다. 따로 외출할 일이 없어도 앞마당 감나무 아래 수돗가에서 늦은 세수를 했다. 누구보다 보수적이셨던 아버진 저녁 세수를 달가워하지 않으셨다. 비록 남의 집 여식이라도 그랬다. 한번은 농을 던지듯 한마디를 건네셨다.

"권 양, 해 떨어질 때 낯 씻으마 곰보 신랑 만난다 카던데!"

권 양은 지지 않고 맞받아쳤다.

"괜찮심더. 곰보도 구멍구멍마다 매력이 있다 캅디더."

그 무렵은 동네 근처에 들어선 섬유 공단의 규모가 커지면서 인구도 갈수록 늘어나던 때였다. 기숙사에 들어가지 못한 직공들은 주로 남의 집 사글세를 살았다. 아래채는 그네들에게 세를 놓기 위해 일자로 길게 지은 허술한 집이었다. 슬레이트 지붕에 잇댄 처마와 특징 없는 방과 좁은 부엌 천장 위에 다락을 들인 구조였다. 여름엔 덥고 겨울엔 추웠다. 연탄을 갈 때마다 아궁이에서 나는 가스 냄새가 지독해 코를 틀어쥐어야 했고, 쓸데없이 넓은 방은 데워지는 데 오래 걸렸다. 그곳에서 그녀는 꼬박 일곱 해를 살았다.

공장에 비하면 아래채는 그나마 안락하다고 했다. 그녀의 일터는 직조할 실이 끊어지는 걸 막기 위해 높은 습도를 유지하느라 더울 땐 숨쉬기조차 힘들다고 했다. 기계의 소음 때문에 옆의 동료와 소통하려면 목이 터져라 고함을 질러야 하는, 전쟁터 같은 거기에서도 쏟아지는 졸음을 이기지 못해 베틀에 손목이 날아가는 경우도 있다고 했다. 사고를 당하지 않으려면 낮에 충분히 자 두어야 하는데 그나마 골목 끝에 있는 아래채가 조용해서 좋다고 했다. 하지만 아래채는 동향이었고, 미닫이 방문은 얇은 유리로 되어있었다. 그녀는 공장에서 가져온 자투리 천으로 커튼을 만들어 달고 문으로 들어오는 부신 해를 가렸다.

그녀가 결근을 하는 경우는 좀체 없었다. 연거푸 잔업을 한 날은 수돗가에서 몇 번 코피를 쏟기도 했지만 출근 시간이 되면 어김없이 대문을 나섰다. 야무진 그녀는 월급을 모아서 본가에 보태는 모양이었다. 동생들이 많다고 했다. 결혼 적령기를 훌쩍 넘기고도 시집을 가지 않은 이유를 알 것 같았다. 공장에선 심심찮게 연애가 이루어진다고 했지만 권 양은 남의 일처럼 시큰둥해 했다. 더구나 술을 좋아하는 남자는 질색이라며 그녀의 아버지는 술주정을 일삼아 평생을 가난하게 산다는 말도 했었다. 그 시절 집집마다 흔하게 드나들던 화장품 외판원도 알뜰한 그녀의 방에는 들르지 않았다.

학벌도 배경도 아무것도 없는 그녀에게 맞선자리가 들어왔다. 밀밭 근처에만 가도 취하는 남자라고 했다. 솔깃해진 그녀는 자신이 가진 것 중에서 가장 산뜻한 것으로 차려입고 선을 보러 다녀왔다. 그날은 모처럼 신은 뾰족구두가 유난히 광이 났다. 표정을 보니 맞선 본 남자가 싫지는 않은 것 같았다. 나는 낮에도 컴컴한 지하 다방에서 무얼 제대로 봤을까 싶었으나, 나무랄 데 없이 착실한 그녀가 되도록 푼푼한 남자를 만났으면 했다. 그날 이후 집안에서 그녀를 보는 일이 눈에 띄게 줄었다. 아무래도 연애에 빠진 모양이었다.

인연은 자신이 내뱉었던 말 한마디로 인해 만들어지는지도 모른다. 그녀가 남자를 데리고 안채에 인사를 하러 왔다. 결혼할 남자라고 했다. 무럼생선처럼 생긴 그 남자에겐 특이하게 눈에 띄는 한 가지가 있었다. 남자의 얼굴이 달의 표면처럼 얽어있었다. 남자를 바라보는 그녀의 얼굴엔 지금껏 내가 알던 창백한 빛은 사라지고 없었다. 만개한 꽃처럼 화사한 그녀의 얼굴이 온통 그 남자를 향해 있었다. 단지 술을 마실 줄 모르는 남자여서 그런 것 같지는 않았다. 얽은 얼굴에 숨은 매력이 그녀를 사로잡은 게 분명했다.

그녀의 본가에서는 살림에 보탬을 주던 딸이 출가를 하는 게 못마땅한가 보았다. 결혼 준비는 오롯이 그녀 혼자의 몫이었다. 결혼을 하고서도 친정에서는 손을 벌릴 게 뻔했다. 아마 중매쟁이가 없었더라면 평생을 그녀 혼자 늙었을지도 모르겠다. 나는 그녀가 가정을 꾸리게 된 걸 반기면서도 갑자기 언니를 빼앗긴 것 같은 섭섭함이 밀려드는 걸 어쩔 수 없었다. 그도 그럴 것이 그녀는 언제나 다정한 내 편이었다. 외동딸을 지극히 단속하던 아버지와 실랑이를 벌일 때조차도 용기를 주는 그녀가 있어 든든했다.

그녀가 결혼하고 얼마 동안은 거리에서 마주치기도 했다. 여전히 공장을 다니고 있었다. 나는 그녀가 우리 아래채를 벗어나듯 험난한 일터와도 이별했으면 싶었다. 베만 짜던 그녀의 손이 집안을 꾸미는 일로 분주했으면 싶었다. 하지만 구두 만드는 일을 한다는 그녀의 남편은 벌이가 시원치 못한가 보았다. 아이를 업고 시장을 보는 그녀를 먼발치에서 보던 날은 그 남자를 데리고 인사하러 왔을 때의 화사함은 흔적도 없어지고 낯달처럼 창백했다. 그 남자와 구두점을 차렸는지 어쩐지도 물어보지 못했다. 그리고는 내 기억 속에서 서서히 잊혔다.

이미 사십 년이 지난 일이다. 뒤에서 날아오는 돌이 숙명이라면 앞에서 날아오는 돌은 운명이라고 했던가. 그녀는 분명 피할 수 있었던 돌을 맞았을 것이다. 미몽을 꾸듯 한 남자에게 **빠졌던** 그녀도 이마에 촘촘한 주름살을 매단 할머니가 되었겠다. 두 가정의 가장 역할을 하며 젊은 날을 굳세게 살아냈던 권 양 언니, 그녀가 문득 보고 싶다.

화원유원지

바람은 언제나 미래 쪽에서 불어온다. 부는 바람에 등 떠밀려 속절없이 사라져갈 풍경을 바라보면 애잔해서 눈물 난다.

나는 지금 개발의 물살에 떠밀리는 화원유원지 강가에 나와 있다. 가끔씩 화원동산을 드나드는 차들만 눈에 띌 뿐 이미 퇴락해버린 식당가는 가을볕에 적막하다. 해마다 되풀이되는 홍수에도 끈질기게 버텨오던 사람들이 이제는 그들 삶의 터전을 떠나야 한다기에 둘러보러 나선 참이다.

한때 이곳 유원지는 흥겨운 노랫소리가 끊이지 않았었다. 줄지어 선 식당마다 강에서 낚아 올린 민물고기 매운탕이 끓어 넘치고, 삶의 작은 위안을 위해 모여든 사람들로 흥청거렸다. 한 시절을 건너오는 동안 우리들 부모, 형제의 추억이 오롯이 스민 곳이다. 그렇듯 켜켜이 쌓인 시간들이 이제 허물어지려 하고 있다. 골목 끝 제일식당 응달진 담벼락 아래 저 혼자 핀 구절초가 안쓰럽다. 다가가 덥석 손잡아주고 싶다.

허허로운 마음에 눈길을 돌린다. 강물은 제 빛깔을 잃고 둔탁한 소리를 내며 흐른다. 거슬러 올라가니 낙동과 금호의 물길이 만나 빚어놓은 하중도 아랫자락에 개발공사가 한창이다. 지난날 상화대에서 바라보는 이곳 두물머리는 무척이나 아름다워 옛 임금이 행궁을 짓고 경관을 완상했다고 한다. 그러나 편리라는 명분으로 두물머리 아래 다리가 놓이면서 인정도 함께 실어 나르던 나룻배는 흔적도 없어졌다. 강 둔덕에 오도카니 자리를 틀고 막걸리 잔에 인심을 얹어주던 주막집이 자취를 감춘 것도 그 무렵이었으리라.

사문나루터 사공의 입이 귀에 걸리는 때가 있었다. 여름 땡볕이 기세를 떨치면 한복을 곱게 차려입은 아낙네들이 나루터로 몰려들었다. 예부터 유원지 건너 넓은 백사장은 삼복에 하는 모래찜질이 유명했었다. 삼베적삼에 속바지만 입고 잘 달구어진 모래에 구멍을 파고 누우면 여기저기 쑤시고 아픈 신경통은 한결 좋아졌다. 흠뻑 땀을 뺀 후 제가끔 싸온 도시락을 펼쳐 놓고 나누어 먹노라면 강바람에 실려 온 모래가 입안에서 버적거리며 씹혔다. 시집 흉에 남편 흉을 보며 모처럼의 여가를 즐기는 사이 할머니나 엄마를 따라나선 아이들은 두꺼비집을 짓고 모래성을 쌓았다 허물며 이해 못할 어른들을 지켜보았다. 모래에 묻어둔 날계란이 익기를 기다리는 일도 지겹기는 마찬가지여서 아이들은 결국엔 울음을 터트리고는 했다. 아낙네들은 행복한 여름 한 때를 그렇듯 오래 강가에서 머물렀다.

　사문진 다리 아래 휑한 공터에 바람이 분다. 흙먼지가 일어 버들식당 지나 손톱만큼 남은 숲으로 간다. 자지러질 듯 바람을 타던 은사시나무, 책갈피에 끼우느라 주우러 다니던 은행나무, 잎 넓은 후박나무와 갈참나무, 새침한 잣나무가 한데 어울려 끝도 없이 이어지던 **빽빽**한 숲은 어디로 갔을까. 까까머리와 단발머리를 한 사춘기 아이들의 끝없는 재재거림을 너른 품으로 받아주던 그 숲은 어디로 갔을까. 아늑한 가을 숲에 들어서면 나뭇잎을 뚫고 들어온 햇살이 우리들 어깨 위에서 눈부시게 미끄러지고 발아래는 양탄자를 깔아 놓은 듯 푹신했다. 학우들과 온종일 숲 사이를 헤매고 나면 몸에서는 알싸하면서도 향긋한 냄새가 났다. 그 숲에서의 소풍은 어린 우리들 마음의 키를 성큼 자라게 해 주었었다.

　숲은 어른들이 '희추'를 하는 살가운 모임 장소이기도 했다. 봄꽃이 피면 풍물과 솥단지를 이고 지고 유원지 숲을 찾아 하루를 즐겼다. 맛있는 음식을 나눠먹으며 또래의 부부가 함께 어우러지는 화합 마당은 흥겨웠다. 풍물놀이에 싫증이 나면 우르르 몰려가 유람선을 타는 기쁨도 누렸다. 뱃전에선 어김없이 '두만강 푸른 물'이 흘러나오고 얼근하게 술이 오른 사람들은 흥얼흥얼 노랫가락을 따라 불렀다.

  화원유원지는 많은 이들의 삶을 위무하던 장소였다. 산업화의 물결을 타고 치열하게 앞만 보고 달리던 사람들이 잠시 짬을 내어 기대러 오던 어머니의 품이었고, 누이의 그늘이었다. 대구 도심에 놀이공원이 생기면서 서서히 제 모습을 잃어버린 유원지에 미래의 바람이 분다. 나는 눈을 감고 상상한다. 크루즈호 선상에서 바라보는 일몰은 눈부시리라. 하지만 우리들이 말갛게 숨 쉬던 숲은 복원의 길을 걸어 울창해지기를, 습지에서 들리는 섶비빔질 소리 여전하기를 바라는 마음 간절하다.

꽃눈

"꽃이 마이 왔니껴?"

무르익은 봄이 완연히 번지는 계절이면 이 지방 사람들은 사과꽃 안부를 묻는 일로 인사를 대신한다. 꽃은 한 해의 과수 농사를 얼마큼 가늠할 수 있는 때문이다. 하지만 올해는 널뛰는 기온 탓에 나무도 몸살을 앓았는지 꽃이 하얗게 덮인 과수원은 좀체 볼 수 없었다.

길 이쪽에는 봄이 있을 것 같아 시골에 정착한 지 사 년 차인 우리 부부도 사과 농사를 짓는다. 과수원에만 들어서면 콧노래가 나온다는 우리 집 농부가 그동안 가장 공들인 일은 어린 나무의 모양을 잡아주는 일이었다. 위로만 자라려는 가지들을 다독여 가지런히 뉘어 놓은 가지에 많은 꽃눈이 와 앉는 거라 했다.

나무는 내년에 피울 꽃눈을 한 해 전부터 맺기 시작한다. 농부는 아직 어린 꽃눈을 보며 다음에 올 꽃을 미리 짐작한다. 그런데 올해는 맺혔던 꽃눈이 잎눈으로 변하는 이상한 일이 벌어졌다.

꽃의 비보와 함께 나는 진도 앞바다에 가라앉은 어린 생명들을 떠올렸다. 튼실한 꽃눈을 달기 위해 늦은 밤까지 공부에만 매달리던 아이들이었다. 탐스럽게 꽃 피우고 열매 맺을 꿈에 부푼 아이들을 우리는 어리석게도 순간에 잃어버렸다. 아직 피지 못한 꽃이 한꺼번에 지는 걸 지켜본 봄은 더는 봄이 아니었다. 봄이 그토록 어두운 빛깔일 수도 있다는 걸 남은 사람들 사이에 번지는 슬픔이 말해주었다.

열매솎기가 끝난 과수원에서 엉성한 사과나무를 올려다본다. 어린 꽃눈들이 무더기로 수장된 세상에서 나무 저 혼자 꽃 피우기 미안하지 않았을까. 우리는 지금 살아있다는 한 가지 이유만으로 모두 죄인이니까.

돌아서려다 문득 다시 올려다본 나무에 내년에 올 꽃눈이 보인다. 그래, 사르트르의 말을 빌리지 않더라도 우리는 누구나 상처 받기 쉬운 존재지만 또 그렇게 훌훌 털고 일어서야 하는 존재기도 하다는 걸 나무는 이미 알고 있는 거야.

감미로운 착각

활주로는 비상飛翔을 위한 공간이다. 동네 뒤편에 비상시非常時를 위해 마련해 놓은 활주로는 언제부턴가 날기 위한 꿈을 접고 마냥 엎드려만 있었다. 아이들이 공을 차거나 주민들이 곡식을 말릴 때를 제외하면 텅 빈 공간은 적막하기 그지없었다. 들 가운데 밉살스레 길게 엎드린 그것은 어찌 보면 평온을 의미했지만 쓸모없이 버려져 있었다. 마치 그때의 나처럼.

나는 신경성 위장병을 앓고 있었고, 할 일 없는 백수였다. 불확실한 미래에 대한 두려움이 몸과 마음을 갉아먹어 몰골은 창백했다. 아버지는 새벽마다 낡은 자전거 뒤에 나를 앉힌 뒤 부리나케 페달을 밟으셨다. 털털거리는 자전거가 활주로 한쪽 옆구리에 닿으면 짐짝처럼 나를 부려놓고 휑하니 가버리셨다. 새벽

공기가 건강에 도움이 될 거라는 게 그 이유였다. 당신의 토지를 둘러본 후 집에 당도하실 때쯤 나도 산책을 마치고 돌아와 밥상머리에 마주 앉고는 했다.

활주로 한쪽 끝에 서면 그 끝없음에 기가 질렸다. 초록의 푹신한 들길을 두고 잿빛의 딱딱한 아스팔트 위에 나를 두고 간 아버지가 이해되지 않았다. 이쪽 끝에서 막막하던 마음이 저쪽 끝까지 다 갔을 즈음에야 이상스레 편안해지곤 했다. 그러면서 차츰 뻥 뚫린 공간이 좋아지기 시작했다. 나는 아마 제 역할이 끝난 활주로 위에서 날아보고 싶었는지도 모른다.

그날은 강 건너 망정리에서 부는 바람이 포근하고 감미로웠던가, 두 뺨은 홍조를 띠기도 했던가. 이슬 머금은 달맞이꽃에 은근한 내 눈길이 가 닿기도 했던가. 도무지 기억나지 않는다. 먼 데서 가물거리는 점 하나가 이쪽으로 오고 있었다. 삐쩍 마른 몸에 빡빡 깎은 머리의 남자는 뜀박질을 하는 중이었다. 그런 까닭에 그 남자의 심장도 따라서 뛰고 있었음에 틀림없다. 하지만 남자는 내가 자신의 심장을 두드렸다고 착각했다. 처음 보는 내게 스스럼없이 말을 걸어왔다.

남자는 내게 자꾸만 무언가를 물었다. 나는 그 또래 처녀들이 그러하듯 새침했지만 영 뿌리치지도 못하고 어정쩡하게 대답을 하고 있었다. 긴 들길을 지나 집으로 오는 동안에도 처음 본 그 남자는 내 옆에 바짝 붙어 있었다. 그토록 편안하게 바라보던 동

감미로운 착각

네의 나지막한 지붕들이, 어느 집 시래기 널린 풍경이 그 아침엔 하나도 눈에 들어오지 않았다. 나는 집까지 바쁘게 걸었고 남자는 느리게 뜀박질을 하며 대문 앞까지 쫓아왔다.

아침상 앞에서 아버지는 아무 말도 없으셨다. 너른 들을 지나오는 동안 훤히 보고 있었음이 분명한데도 말이다. 엇갈린 생각들이 자꾸만 나를 서럽게 했다. 이튿날은 잠자리에서 나오지 않았다. 아버지는 말없이 혼자서 들로 나가셨다.

남자는 짧은 머리를 한 채 전역을 했다며 내 앞에 나타났다. 한 해가 훌쩍 지난 뒤였다. 어떤 영혼의 끌림도 없던 터였으므로 그 남자의 방문은 달갑지 않았다. 단지 처음 본 날 심장이 떨렸다는 착각으로 인해 남자는 끝없이 구애를 해왔다. 그러구러 다섯 해가 지나는 동안 세월은 둘 사이를 정들게 했다. 나는 길에서 만난 인연에 발목이 잡힌 채 어쩌면 행복한 감금이 될 수도 있겠다는 또 다른 착각을 하며 결혼이란 굴레를 썼다.

멎어 있는 줄 알았던 내 심장은 결혼을 한 후에야 비로소 콩닥거리기 시작했다. 사랑을 위해 뛰기보다는 그 남자를 걱정하느라 늘 팔딱거렸다. 그 남자로 인해 심장에 금이 가는 소리를 수시로 들어야 했다. 내가 그럴 때조차도 아버지는 예전에 그랬듯 꿈쩍하지 않으셨다. 활주로 가는 길에 버티고 있던 선돌처럼 묵묵히 바라보기만 하셨다.

그 남자와 스무 해를 살아보고 나서야 아버지의 맘을 조금은 이해하게 되었다. 상대를 가지려 들었으므로 나는 날마다 가슴에 치명상을 입었다. 내 것이라 생각한 그를 움켜쥐려는 마음이 지나쳐서 그 절실함이 내 심장을 무너지게 했다. 때로는 아버지처럼 따뜻한 눈길만을 지닌 채 무덤덤할 필요도 있었다.

  열정의 시기를 비켜 선 지금에서야 엄살풀 같던 내 심장은 평온을 찾았다. 다시 활주로의 어디쯤에서 뜀박질하는 그를 만난다면 달빛 흥건하게 품은 그의 심장 속으로 걸어 들어갈 테다.

박월수의 「달과 바다」

제3부

환상통

그의 환상통은 아직도 진행형이다. 잃어버린 손가락 같은 아내가 돌아온다면 그의 환상통도 끝이 날지 모른다. 하지만 그는 마냥 기다리지만은 않을 거라는 걸 나는 안다. 이미 벽속에 갇혀 본 그는 스스로 벽을 허무는 법도 익혔을 걸 믿는다. 지금껏 숨기고만 있었던 왼손을 당당히 내어놓고 그녀에게 깊이 스며들기를 또한 소망한다. -「환상통」

풀빵

사랑, 그 쓸쓸함에 대하여

고도를 기다림

감염

환상통

송이의 사랑

냄새는 기억을 환기한다

냄새에 관한 기억

유월의 노래

입술이 보고 싶다

풀빵

어릴 적 동네 초입에는 초가지붕이 나지막한 점방이 있었다. 얇은 유리문을 밀고 들어서면 툇마루에는 알록달록한 과자가 가득했다. 일곱 살 초겨울 무렵이 되자 점방 귀퉁이에 국화 빵틀이 놓였다. 신기한 물건이 들어왔다는 소문은 동네 꼬맹이들에게로 삽시간에 번져갔다.

우르르 몰려갔을 땐 고운 매무새의 주인 할머니가 햇살 좋은 마루 끝에 앉아 빵을 굽고 있었다. 기름 솔로 문지른 후 양은주전자에 담긴 반죽을 붓고 팥소를 넣는 모습은 재미난 구경거리였다. 따로따로 뒤집어지는 빵틀 안에서 풀빵은 노릇하게 구워져 나왔다. 미닫이문 밖에 붙어 서서 눈을 반짝이며 지켜보노라니 입안에선 도리깨침이 넘어갔다. 고소한 냄새는 급기야 엉성한 문틈을 비집고 나와 주머니가 빈 아이들을 부추겼다.

　몇몇 아이들은 마주하고 앉은 대폿집으로 어른들을 조르려고 달려갔다. 떼쓰기에 성공한 아이들은 국화꽃이 핀 빵을 사 들고 또래들이 보란 듯 호호 불며 먹었다. 막걸리 판에는 아버지도 끼어있을 터였지만 나는 손을 벌리러 가지 않았다. 버릇없는 아이라며 나비눈을 뜨실 게 분명했다.

　점방 유리문 밖에서 저물도록 빵 굽는 냄새에 취해있던 중이었다. 눈앞에 그림자가 짙어지더니 불콰한 얼굴의 아버지가 나타나셨다. 내 앞에 투박한 손을 내밀며 한 마디를 하셨다.

　"옛다, 풀빵 사 묵거라."

　아무래도 꿈을 꾸는 게 분명했다. 여태 내 손에 돈을 쥐여주며 무얼 사 먹으라고 한 적이 없는 분이셨다. 비틀거리듯 걷는 아버지의 등을 바라보며 나는 그토록 먹고 싶던 국화빵을 사서 입에 넣었다. 한 번도 포근하다고 느껴본 적 없던 아버지가 따뜻하다고 생각키울 정도로 세상에 없는 맛이었다. 지금껏 먹어 본 풀빵 중에 그날 먹은 빵만큼 맛있는 건 아직 없었다.

　아버지는 세월이 준 선물 같은 흰 눈을 머리에 이고서도 언제나 여전하셨다. 다정함과는 척을 지고 완고함과는 이웃하신 듯 가족 누구에게도 곁을 주지 않으셨다. 출가한 고명딸 집에 어쩌다 들렀다가도 서둘러 일어나셨다. 좋아하는 소주 두어 잔에 무른 안주 한 점을 들고는 서둘러 털털거리는 자전거에 오르곤 하셨다.

그런 아버지가 어머니와 나란히 딸네 집에 두어 주 머무신 적이 있다.

"야야, 이적지 괴안타가 각중에 이기 무신 일인가 모리겠다. 너거 아부지가 숭악한 암이라 카더라. 너무 늦어가 인자 우예 해 볼 수도 엄따 카더라."

평생을 마당 있는 집에서 눈을 뜨고 새벽이면 당신의 논밭을 둘러보는 일로 기쁨을 누리던 아버지는 상자 같은 집들이 다닥다닥 붙은 고층 아파트에서 남은 생 얼마를 딸과 함께 지내기 위해 갑갑증도 견디기로 하신 것이다. 하지만 아침이면 일터로 나가야 하는 나는 두 분과 오래 있어 드릴 수가 없었다. 특별하다 싶은 찬을 준비해서 상을 차려드리는 게 전부였다. 두 분만 덩그러니 남은 낮 시간이 얼마나 적적할지 사느라 바쁘다는 핑계 삼아 헤아려볼 겨를도 없었다.

어느 밤 퇴근 무렵, 남편은 아파트 앞 붕어빵 손수레 앞에서 멈추어 섰다. 어른들 종일 심심했을 텐데 입이라도 다시면서 말씀 나누게 풀빵을 사다 드리자고 했다. 남편의 말이 고마우면서도 썩 내키지는 않았다. 거리에 파는 밀가루 음식이 아버지 병에 좋을 리 없을뿐더러 두 분은 평소에 주전부리를 꺼리셨다.

하지만 뜻밖에도 두 분은 사위가 사다 드린 붕어빵을 참으로 탐스럽게 드셨다.

"마딧따. 참 다다."

몇 번이고 그러셨다.

붕어빵이 나를 철들게 했다. 내 입에 맛있으면 부모님도 맛있다는 걸 그제야 알았다. 그날 이후 온갖 먹을거리를 사다 나르고 수시로 늦은 밤참을 주문했다. 그러나 모처럼의 효도는 그리 오래가지 않았다. 아버지의 병이 아무리 맛있는 음식도 더 이상 드실 수 없는 지경에 이르게 한 때문이었다. 내가 기억하는 가장 서러운 풀빵은 그날 두 분과 함께 먹었던 붕어빵이다.

찬바람이 부는 이맘때 풀빵 몇 봉지 사서 부모님을 찾아뵙는 일은 가장 작은 효도의 시작이 아닐까. 더 늦기 전에 말이다.

사랑, 그 쓸쓸함에 대하여

한 줌 남은 가을도 저물었다. 집 없는 새들은 바람 자는 풀숲에 무더기로 깃들이고, 좁은 골목 어귀에는 연탄 화덕을 놓고 둘러앉은 사람들이 살 오른 양미리를 굽고 있다. 이른 저녁부터 소주잔을 기울일 모양이다. 조락의 시기가 지나고 속이 그득한 열매를 거둬들인 지금은 성숙한 계절이다. 아니마와 아니무스를 동시에 소유하고 지배한다. 그 둘 모두를 내면에 품는다. 마음 구석구석 넉넉함과 여유로움이 배어난다.

풍족함이 넘쳐서 차라리 사무치게 외로워지는 날, 나는 낮은 첼로 음률이 가슴을 적시는 '사랑, 그 쓸쓸함에 대하여'를 듣는다. 이은미의 목소리로 듣는 이 노래는 오래 들어도 질리지 않는다. 그녀의 목소리는 이 계절의 하늘빛을 닮았다. 아득하기도 하고, 막막한 입맞춤이 연상되기도 한다. 무대에 선 그녀의 맨발을 떠올리면 내 속에 숨었던 열정이 다시금 꿈틀거리며 기어 나올 채비를 하는 듯도 하다.

"누구나 사는 동안에 한번 잊지 못할 사랑을 만나고 잊지 못할 이별도 하지. 도무지 알 수 없는 한 가지 사람을 사랑한다는 그 일, 참 쓸쓸한 일인 것 같아……"

아프로디테의 생일 축하연에서 만난 풍요의 신 '포로스'와 결핍의 신 '페니아'는 사랑에 빠진다. 그들 사이에서 사랑의 신 '에로스'가 태어난다. 모자람과 넘침 사이에서 헤매는 중간자인 '에로스', 사랑이 쓸쓸할 수밖에 없는 까닭을 알 것도 같다. 사랑을 하면 누구나 소유하고 싶어지고 사랑이라는 이름으로 상대의 영혼마저 구속하려 든다. 사랑의 기원을 기억한다면 쓸쓸함도 사랑임을 이해할 수 있겠다.

쉼 없이 피던 장미도 시들고, 모든 연약한 것들은 더 이상 꽃 피우지 않는 계절이다. 절정으로 치닫다가 사그라진 적막한 산에는 군데군데 붉은빛을 매단 열매가 있다. 가시로 덮인 청미래덩굴 나무에 열리는 명감이다. 이맘때의 산이 켜놓은 등불 같다. 나는 해마다 봄이 되면 청미래덩굴 뿌리로 술을 담근다. 이 나무의 뿌리는 커다랗고 징그러운 곤충을 닮았다. 살진 지네 같기도 하고 사막에서 만난 전갈 같기도 하다. 칙칙한 빛깔에 서로 부딪치면 투박한 소리가 난다. 만져보면 돌덩이처럼 딱딱하다. 열매와 뿌리는 이렇듯 다르지만 사람을 위로하는 방식은 닮았다.

이 계절의 어느 저녁 낮은 첼로 음을 배경으로 나는 무슨 의식을 치르듯 청미래술 단지를 개봉한다. 쓸쓸함이 깊을 땐 소통할 무언가가 그리워지는 법이다. 술은 맛으로 먹는 게 아니라 취하기 위해 마신다는 걸 이해하는 나이가 되었지만 나는 여전히 빛깔 때문에 마신다. 청미래덩굴술은 명감 빛깔보다 더 붉다. 한 시인은 샐비어를 일러 '사랑만 하다가 죽은 이의 피' 같다고 했지만 청미래덩굴술 빛깔을 보고 있으면 붉은 빛이 지나쳐서 절로 눈물 난다. 사랑을 못 이루고 죽은 이의 혼이 나무의 뿌리에 가서 굳어버린 것 같다. 나는 술 빛깔을 그윽이 바라보며 쓸쓸함을 달랜다.

지네 혹은 전갈을 닮은 뿌리로 만든 술은 아이러니하게도 우리 몸 안의 독소를 밖으로 몰아낸다. 사랑 때문에 오래 아팠던 사람들도 이 술을 마시면 남은 상처가 모두 아물고 말 것 같다. 한 해 동안 내 속에 쌓인 지독한 생각들도 모두 씻어내주길 바라며 나는 또다시 술을 따른다. 몽롱한 가운데 흉내 낼 수 없는 목소리의 가수가 노래를 하고 나지막이 첼로 소리 번진다.

핏빛으로 붉은 술을 마시며 나는 생각에 젖는다. 사랑을 하면서도 쓸쓸한 게 인생이라면 지금 사랑을 잃어버린 이들은 뼛속까지 고독할 것 같다. 이 계절이 어디에나 잿빛인 건 지나간 사랑을 추억하라고 신이 그렇게 만들어 놓은 건 아닌지 모르겠다.

이제 곧 손톱만큼 남은 해는 속절없이 지나버리고 말 테니 더 늦기 전에 지상과 하늘의 경계가 모호한 잿빛 속에서 따뜻한 사랑을 찾아가라는 뜻으로 여겨진다. 그 사랑의 대상이 가족이든 연인이든 간에.

고도를 기다림

<u>모든</u> 만선은 쓸쓸하다고 했던가. 그득한 등짐을 내려놓고 언제라도 사그라질 채비를 마친 이모님의 뒷모습은 빛바랜 폐선 같다. 출항과 정박에 대한 기억도 잊은 지 오래다. 세상에 더 이상 재미있는 일도, 슬플 일도 없는 나이. 꿈꾸지도, 희망을 갖지도 않는 나이. 계단을 가장 무서워하는 나이. 느리게 건너가는 시간이 지겨운 나이. 짧은 커트 머리가 인생에서 가장 어울리는 나이. 자연의 이치란 걸 깨달아버리고는 다시 아이로 돌아가는 그런 나이에 시이모님은 어머님께 오셨다. 아흔 고개를 넘어 눈과 귀가 어두운 언니가 팔순의 고개를 넘는 동생과 동거를 시작했다.

나는 더럭 겁이 났다. 주변에 사랑해주는 사람이 없을 때 사람

들은 풍보가 된다고 했다. 가족과 떨어져 지내야 할 이모님이 그 외로움 때문에 식탐이 늘지나 않을까 염려되었다. 성경책을 펼쳐놓고 거짓말이 있나 없나 찾아보았다는 어느 시인처럼 어머님은 잠이 없다. 초저녁에 잠깐 붙이는 잠이 어머님 잠의 전부다. 그 잠마저 이모님 수발하느라 방해받지나 않을까 걱정스러웠다. 모든 걱정은 나를 먼저 생각하는 마음에서 비롯된다는 걸 몰랐다. 내 우려는 다만 기우에 지나지 않았다. 말동무가 생긴 어머님은 예전보다 더 밝아지셨다. 이모님과 주거니 받거니 말다툼하는 걸 구경하자면 갈래머리 처녀로 돌아간 것 같아 도리어 보기에 좋다. 두 분은 함께 있음으로 권태로운 시간들을 이겨내신다. 매일 조금씩 시간을 도둑질당하던 어머님의 얼굴이 요즘은 진행을 멈춘 듯도 하고, 이모님의 목소리에는 언뜻 파릇한 봄동 냄새도 묻어난다. 더디게만 흐르던 어머님 댁의 벽시계는 수시로 밥때를 알린다. 혼자 먹는 밥이 모래알 씹는 것 같았다면 마주 앉은 밥상은 소찬이라도 달기만 하다. 그런 마음을 아는지 모르는지.

"아이구 국이 짭다. 이 나물은 와 이래 싱겁노. 나는 고마 묵을란다."

툭하면 반찬 투정을 하는 철모르는 이모님이 어머님은 가끔 야속하다. 그 마음도 잠시 흐려진 눈 때문에 수시로 음식을 흘리는 노인의 모습이 안쓰러워 어머님은 금세 눈시울을 붉히신다.

동생이 엄마 같고 언니가 아기 같은 모습을 곁에서 지켜보는 나는 두 분의 말년이 그저 이만하기를 빌 뿐이다.

삶의 막바지를 향해가는 자매의 동거가 그리 간단치 않을 때가 있다. 이모님의 몸을 씻어드려야 할 때다. 낡은 아파트의 좁은 세면장에서 어머님 혼자 이모님을 감당하기엔 벅찬 일이다. 나는 두 분을 모시고 계단을 이용하지 않아도 되는 시설 좋은 사우나엘 간다. 그럴 때 이모님은 이것저것 필요한 물건은 챙겼느냐며 새삼 언니 노릇을 하시고 어머님은 말 잘 듣는 동생이 된다. 나는 못 들은 척 앞만 보고 운전을 한다.

어머님은 엄마가 하듯 이모님의 옷을 벗겨 드린다. 속살이 아이처럼 뽀얗다. 부끄러운 듯 양팔로 살짝 가린 젖가슴을 넘겨다보니 여전히 풍만하다. 생산을 그만둔 묵정밭이 저토록 아름다운 것에 눈물겹다. 나는 이모님의 몸에 따뜻한 물을 끼얹으며 엄마에게 하듯 젖가슴을 만져본다. 아이가 된 구순의 할머니 두 빰이 발그레하니 달뜬다. 내가 어머님의 등을 미는 사이 노는 손이 심심하신 어머님은 다 닦은 이모님의 등을 다시 미신다. 어머님의 등은 이모님의 등보다 훨씬 좁다. 수척한 어머님이 건사해야 할 현실을 바라보니 가슴 한 귀퉁이가 시리다.

세 여자가 하는 양을 구경하는 눈이 제법 많다. 뜨거운 탕 안에서 아까부터 우리를 뚫어져라 지켜보던 노파가 슬며시 다가와 묻는다.

고도를 기다림   115

"올해 할매 나이가 얼맨교?"

어머님이 이모님의 귀에다 대고 큰 소리로 다시 읊으시자 의미심장한 눈빛을 품은 이모님이 대답하신다.

"나는 올게 여든둘이다."

노파의 눈이 실망감을 감추지 않는다. 짓궂은 이모님이 노파를 보며 빙그레 웃더니 열 살을 더 보태 당신의 나이를 바로 잡으신다.

"그케, 내 그럴 줄 알았다. 아이고 젊데이. 시상에 안즉도 색시다 색시."

주변은 일순간 천둥 같은 몸울림이 넘친다. 개운하게 목욕을 마친 이모님을 어머님이 부축을 하신다. 이럴 땐 다시 이모님은 아기가 되고 어머님은 언니가 된다. 목욕 바구니를 들고 뒤따르자니 두 분 뒷모습이 잔잔한 항구를 향해가는 사이좋은 쪽배 같다.

감염

달밭은 우리 가족의 터전인 사과농원이다. 동네 사람들이 앞산이라 부르는 곳에 달처럼 덩그러니 매달려 있다. 흙보다 청석이 더 많은 고지대여서 달밭이라 이름 지었다.

올봄 달밭에는 전염병이 번졌다. 지난겨울 몇몇 나무가 동해冬害를 입은 것이 원인이었다. 나무 아랫도리에 포근한 흙 대신 푸석돌만 끼고 있으니 달빛도 얼어붙는 추위를 견디기엔 힘이 부쳤던 모양이다. 동해 입은 나무마다 눈치 빠른 나무좀이 살림을 차렸다. 녀석은 세력이 약해진 나무만 골라 제 식구를 불리고 풋풋한 속살을 파먹었다. 눈에 띄지도 않는 조그만 녀석들이 훑고 간 흔적은 참혹했다. 잎이 오그라들고 가지는 말라갔다. 녀석들을 몰살시키려 방제에 온 신경을 기울였으나 쉬이 숙지지 않았다. 병든 나무는 갈수록 늘어났고, 내 몸 안에 가꾸던 꽃밭마저 시드는 소리 들렸다.

지난해, 이웃한 과수원에서도 나무좀이 퍼져 전부 캐내고 다시 심었다. 꼬박 사 년을 정성 들여 심고 키운 밭이었다. 첫 수확을 눈앞에 두고 참변을 당한 과수원지기의 눈물이 생각나 그 앞을 지날 때마다 맘이 아렸다. 나무좀은 주변의 사과밭을 두루 돌아다니며 위세를 떨쳤다. 과수원마다 말라죽은 나무가 속출했다. 다행히 우리 과수원은 비켜간 것 같아 한시름 놓았었다. 하지만 올해, 퇴치된 줄 알았던 나무좀은 건재함을 과시하며 무성하게 출현했다.

어린 열매를 솎아내며 자꾸만 아픈 나무에 눈이 갔다. 꽃눈마다 속속들이 열매를 매달고 힘겹게 버티고 있었다. 쓰러지기 전 더 많은 자손을 퍼트리기 위한 소중한 의식처럼 보였다. 어떻든 살려야 했으므로 속이 깊은 나무의 마음을 배려할 수만은 없었다. 쉬이 툭툭 털고 일어나라고 **빽빽**하게 매달린 열매를 하나도 남김없이 떼어내 주었다.

그 무렵, 사막을 지나온 모래바람이 한반도에 착륙했다. 초대받지 않은 바람은 메르스란 이름표를 달고 있었다. 왠지 속이 매스꺼웠다. 중동호흡기 증후군이라고도 하는 바이러스의 원인은 낙타 고기라는 소문이 돌았다. 사막의 고독한 짐꾼인 낙타가 순식간에 괴물 취급을 당했으나 가장 큰 원인은 감염자에게서 번진 침방울이란 게 밝혀지면서 낙타는 면죄부를 받았다.

　매스컴이 떠들썩하더니 나라 전체가 술렁거렸다. 증상이 의심되어 격리되는 이와 확진 판정을 받은 이가 생겨났다. 한꺼번에 바르르 끓기 좋아하는 민심은 여지없이 발동되었다. SNS를 통해 전염병 공포가 빠르게 퍼져나갔다. 감기와 증상이 흡사했으므로 누군가가 기침만 해도 주변 사람들의 눈총을 피하기 어려웠다. 여름 초입에서 때 아니게 사람들은 입가리개를 하고 다녔다.

　군에 간 아들의 투덜거리는 목소리가 전화기 너머에서 애처롭게 들렸다. 첫 휴가가 무기 연기되었다고 했다. 애타는 상봉을 방해하는 복병 같은 수입 병균이 원망스러웠다. 엉뚱하게도 멀리서 학교를 다니던 딸은 방학을 얼마 남겨두지 않은 채 집으로 왔다. 학교 인근에서 의심 환자가 발생한 때문이었다. 휴업을 한다는 방송이 나오자 다투어 집으로 돌아가려는 아이들 때문에 캠퍼스가 공포 영화의 한 장면 같았다며 치를 떨었다.

　메르스는 흉흉한 민심 외에도 나라 경제를 주춤거리게 했다. 한류 붐을 타고 몰려들던 외국 관광객의 발길은 뚝 끊겼고, 사람들은 공공장소나 모임에 나가는 걸 꺼렸다. 지자체마다 예정되어 있던 모든 행사는 취소되었고, 지인의 애경사에는 계좌이체로 대신하는 일이 다반사였다. 동네 목욕탕과 미장원도 장사가 안 된다며 볼멘소리들이었다. 몸이 아파도 대부분은 병원에 가지 않고 버텼다. 전염병의 가장 큰 감염 경로가 병원이었던 탓이다.

사람들이 움직이지 않으니 소비는 자연히 줄 수밖에 없었다.
 약국에선 마스크가 동이 났다고 야단이었다. 딸아이도 올 때처럼 입과 코를 가리고 기말고사를 치르기 위해 학교로 돌아갔다. 전염병은 우리 삶에 깊숙이 들어와 사람들을 반갑잖은 관심사로 꼭꼭 묶어놓고 있었다. 어떤 신호가 떨어지기 전에는 절대 풀리지 않을 끈처럼 보였다. 참으로 어수선한 나날이었다.
 과수원에선 나무좀이 어느 정도 진정되고 있었다. 병이 깊어진 나무는 베어내 집으로 옮긴 후 불태워 없앴다. 감염의 원인인 좀 먹은 나무를 아무렇게나 방치할 수는 없었다. 봄부터 가뭄은 계속되고 있었으므로 열매솎기가 끝난 뒤에도 씨알은 좀체 굵어지지 않았다. 달밭의 가을은 언제나 푸지고 탐스럽기를 꿈꾸었던 나는 자꾸만 어딘가에 이마를 기대고 싶었다. 남편은 뒤꼍에 숨어서 빈속에 술을 털어 넣다가 내게 들키곤 했지만 일을 손에서 놓을 수는 없었다. 새벽이면 밭에 나가 나무의 상태를 살폈으며 정해진 순번에 따라 밤낮없이 물을 폈다.
 메르스의 기세는 가라앉을 기미가 보이지 않았다. 사막에서 온 바이러스가 습기에 약하다는 말이 떠돌았지만 비는 여전히 내리기 싫은 모양이었다. 장마가 시작되면 이상 현상도 잦아들 거라는 막연한 기대를 품고 기다리는 수밖에는 별 도리가 없었다.
 전염병이 장기화 될수록 어쩔 수 없는 모임 자리에서마저 재채기를 하기에도 눈치가 보였다. 모두 예민할 대로 예민해져 있었다. 혹시 모를 죽음의 늪이 어디쯤에 있는지 아무도 알지 못했다. 잘못 걸어 들어갔다간 가족과도 격리된 채 죽음을 맞을 수도 있었다. 공직에 있던 한 남자는 증상을 숨기고 평소처럼 행동했다가 뒤늦게 발각되는 일이 벌어졌다. 무모한 한 사람으로 하여 도시 전체는 악몽 속에 갇혔고, 많은 수의 사람들이 엄청난 불편을 겪어야 했다. 거대도시의 활기가 사라지는 건 한 순간이었다. 전염병의 힘은 실로 위대했다.

연대의식은 기쁨이 아닌 고통 중에서 더 강해진다던가. 격리자와 확진자가 늘어날수록 사람들은 더욱 초연해지는 것 같았다. 전염병의 직접적인 통로가 되었던 대형 병원은 스스로 폐쇄 조치를 내렸고, 메르스 확산 소식을 알리기에 급급하던 언론사들도 감염 예방 수칙을 전하는데 앞장섰다. 메슥거리던 민심은 조금씩 안정되어갔다.

거짓말처럼 단비가 내렸다. 끝날 것 같지 않던 전염병도 슬그머니 제 꼬리를 거두어들였다. 과수원에선 물을 흠뻑 머금은 열매들이 굵어지는 소리 들리고, 뒤꼍에선 빈 술병이 더 이상 쌓이지 않았다. 반가운 모임 자리에선 메르스에 발목 잡히지 않고 무사히 살아남은 걸 자축하자는 우스갯말이 나돌았다. 아들은 미루어졌던 휴가를 받아 나왔다. 시들었던 내 안에 꽃밭은 다시 그 윽함을 내뿜기 시작했다.

텃밭에 싱싱한 오이를 땄다. 남편과 아들을 차례로 눕히고 얇게 썬 오이를 두 남자의 얼굴에 붙인다. 남자들은 서로 자기 곁에 누우라며 나를 잡아끈다. 남은 몇 조각의 오이를 내 얼굴에도 붙이고 두 남자 가운데 나란히 눕는다. 명치 아래가 뻐근하다. 한참 만에 누려보는 안온함이다. 이만하면 세상 부러울 게 없다 싶다.

뒷산 골짜기에 핀 칡꽃향이 초저녁 바람을 타고 들어와 허락도 없이 곁에 눕는다. 문득 이토록 아찔한 향기 속에 감염인자가 들어있다는 상상을 하니 오싹함이 밀려든다. 정말로 전염병은 끝이 난 걸까. 은밀한 곳에 숨어서 어리바리한 누군가를 노리고 있는 건 아닐까. 달밭에 아직 남아있을지 모를 나무좀처럼.

환상통

세상의 모든 벽은 넘기 위해 존재하는 것만은 아니다. 절실하게 넘어야 할 장애물이라면 거기에 깊게 스미어 벽이 저절로 무너지게 하는 법도 있다. 우유니 사막의 소금기둥이 빗물로 인해 녹아내리는 것처럼.

내게는 손가락이 모자라는 오빠가 있다. 그는 지금 환상통을 앓고 있다. 예리한 칼끝에 그의 손은 난자당한다. 이미 오래전에 떨어져 나간 손가락 마디마다 날카로운 바늘이 쉴 새 없이 찔러댄다. 그는 어른이면서 아이처럼 아파한다. 그럴 때마다 술을 마시고 물멀미를 하듯 비틀거렸다.

알코올병동으로 그를 면회하러 갔다. 병동 입구에는 안으로 커다란 자물쇠가 채워진 문이 버티고 있었다. 묵직한 무엇이 가

숨을 짓눌렀다. 신분 확인이 끝나고 흰 가운을 입은 건장한 남자는 나를 안으로 들여보내 주었다. 역한 크레졸 냄새가 온몸을 획 하고 덮쳤다. 이 속에서 그가 견디고 있었다. 조금 넓은 복도에서 환자복을 입은 사람들이 여럿 탁구를 치고 있었지만 그들 무리 속에 숫기 없는 그는 없었다. 상담실로 안내되었다. 남자 간호사는 내게 간단한 질문과 몇 가지 주의 사항을 알려주고는 그를 데리러 갔다.

잠시 후 언제나처럼 왼손을 바지 주머니에 꽂은 그가 나타났다. 그는 웃고 있었다. 오빠로서 동생에게 보여줘서는 안 될 장면을 들킨 것 같은 어색한 웃음이었다. 삶의 의욕을 잃고 나른해 보이던 그는 갑자기 간절한 눈빛을 한 채 내게 말했다. 집에 가고 싶다고. 여기서 하루빨리 나갈 수 있게 해 달라고. 필요한 건 없느냐 물으니 그는 또 아이처럼 탄산음료가 마시고 싶다 했다. 그러는 동안에도 그의 한쪽 손은 여전히 바지 주머니 속에 단단히 감추어져 있었다.

그가 왼손을 바지 주머니 속에 숨기게 된 건 오래 전의 일이다. 우리 동네에는 섬유공장이 즐비했고, 그는 그곳에서 직물기계를 수리하는 일을 했다. 자신이 원해서 하는 일이었으므로 자부심도 가득했다. 고장 난 베틀 수리가 끝나고 고운 천이 짜여나오는 걸 볼 때면 뿌듯함이 밀려든다고 했다. 그런 그가 야근을 하던 어느 날 잠깐의 실수로 움직이는 베틀에 손을 넣었다. 미처 스위치를 내리지 않은 것이다. 그 후로 일을 할 때를 제외하곤 그의 왼손은 늘 주머니 속에 똬리를 틀었다.

그는 갈수록 말수가 줄어들었고 안으로 숨으려고만 했다. 우리 가족은 그를 향한 번뇌에서 하루라도 빨리 벗어나고 싶었는지 모른다. 어른들은 여기저기 다리를 놓아 그의 짝을 찾아주려 애썼다. 마침내 그는 바지 주머니에 왼손을 숨기고 여자를 만나러 나갔다. 그에게도 더디게 가는 벽시계를 바라보며 눈을 흘기는 날이 찾아왔다. 물기 없던 입술에 윤기가 돌고, 기름때로 얼룩진 오른손에 숨겨놓은 왼손을 포개어 자꾸만 비벼 씻었다. 우리 모두는 아이처럼 여린 그가 서울까투리처럼 넉살 좋은 여자를 만나기를 바랐다. 하지만 그녀 역시 참으로 차분하고 조용한 여자였다.

둘 사이에 결혼 이야기가 오갈 때쯤이었다. 우리 가족은 그의 왼쪽 주머니에 숨은 손 이야기를 그녀에게 털어놓았다. 그녀의 절망은 너무도 컸고, 여린 그녀가 감당하기엔 벅찬 일처럼 보였다. 우리는 한없는 미안함과 함께 어쩔 수 없는 섭섭함도 가졌다.

오래 고민하던 그녀는 오빠와의 결혼을 결정했다. 기뻐하는 가족과는 달리 이미 상처 받은 그의 마음속엔 어쩔 수 없는 앙금이 자리하고 있다는 걸 아무도 몰랐다. 두 사람의 결혼은 처음부터 어긋나고 있었다. 그토록 숨기고 싶었던 그의 치부를 따뜻하게 감싸주는 법을 그녀는 몰랐다. 신혼 여행길에서 남편의 장애를 부끄러워하는 듯한 아내를 발견했을 때 그는 이미 마음속으로 벽을 쌓고 있었다. 상처 받은 이의 슬픔을 위로하는 일은 그 사람의 상처를 보듬고 더 많이 아파해야 한다는 걸 나는 이제 오빠를 보며 깨닫는다. 비를 맞는 친구에게 우산을 씌워주는 일보다 함께 비를 맞는 편이 더 큰 위안이 되듯이 말이다. 이미 높은 벽속에 자신을 가두어버린 그를 밖으로 불러내는 일조차 그녀에겐 버거운 일이었다. 서로에게 깊이 스며들지 못한 채 그들은 겉으로 보기엔 평범한 가정을 꾸려 나갔다.

시간이 흘러 그는 다니던 공장의 주인이 되었다. 여전히 아내 앞에서조차 왼손을 바지 주머니에 꽂은 모습은 그대로였다. 기계를 돌보는 그의 곁에서 그녀는 베 짜는 일을 도왔다. 지켜보는 가족들은 씨실과 날실이 부지런히 움직여 한 두루마리의 완성된 천을 만들 듯 그들의 가정도 촘촘하게 수놓아 지기를 바랐다. 하지만 툭하면 멈추는 그들 공장의 낡은 직물기계처럼 둘 사이엔 뭉툭한 씨줄과 뾰족한 날줄이 얽혀 쉼 없이 끊어지고 찢기는 소리가 났다. 처음부터 불안하게 시작한 두 사람의 결합은 서로에게 조금씩 스며들기도 전에 끝이 났다. 마음에 쌓은 높은 벽을 허물지 못했던 그들은 사업실패라는 현실의 벽에 부딪쳐 숨 쉴 수가 없었던 것이다. 그날 이후 그의 환상통은 시작되었다. 그는 모든 불행을 모자라는 손가락 탓으로 여기며 거칠어져 갔다.

병동의 굳게 닫힌 문과 크레졸 냄새에 익숙해진 때문인지 그는 그곳 생활에 순응해 갔다. 돈을 부쳐 달라는 전화도 뜸해졌다. 가끔씩 식사 시간에 면회를 가면 식판을 들고 얌전히 줄을 서서 기다리는 그를 볼 때도 있었다. 상담사는 그가 병실의 조장을 맡아 활달하게 지내고 있으며 병원 내의 자질구레한 일을 해서 용돈을 충당한다고 일러주었다.

그런 얼마 후 그는 타의에 의해 실려 들어간 수용시설의 높은 벽을 뚫고 스스로의 힘으로 걸어 나왔다. 여전히 왼손은 바지주머니에 꽂힌 채였지만 그의 표정은 무척이나 밝았다. 퇴원하는 날, 나는 그가 반듯하게 걷기를 바라는 마음으로 새 구두를 선물했다.

그의 환상통은 아직도 진행형이다. 잃어버린 손가락 같은 아내가 돌아온다면 그의 환상통도 끝이 날지 모른다. 하지만 그는 마냥 기다리지만은 않을 거라는 걸 나는 안다. 이미 벽속에 갇혀본 그는 스스로 벽을 허무는 법도 익혔을 걸 믿는다. 지금껏 숨기고만 있었던 왼손을 당당히 내어놓고 그녀에게 깊이 스며들기를 또한 소망한다.

사람들은 누구나 내놓고 말할 수 없는 환상통 한 가지씩은 앓고 있는지도 모른다. 스스로 만든 벽속에 갇혀서 잃어버렸다고 생각하는 자신의 한 부분을 누군가 어루만져 주기를 바랄지도 모른다. 하지만 세상의 모든 벽은 자신이 만든 것이므로 스스로 허물어야 한다. 뛰어넘든지 혹은 깊이 스며들든지 간에 말이다.

송이의 사랑

　이웃집 할머니가 다녀가셨다. 여간해서는 남에게 싫은 소릴 하시지 않는 분인데 단단히 벼르고 오신 모양이었다. 갑작스런 일이라 우리도 적잖이 놀랐다. 시골살이를 하러 오기 전부터 이웃과 잘 지내고 싶어 마음 준비를 많이 했었다. 이사 와서는 집집이 떡도 나누고 음식을 만들어 경로당에도 가져다 드렸다. 어르신을 뵈면 살갑게 인사하는 것도 잊지 않았다. 우리 아이들도 인사성 바르다고 좋아들 하셨다. 그런데 집에서 키우는 강아지 때문에 이웃의 핀잔을 받게 되었다.
　청송으로 귀농을 결정하고 암수 강아지 한 쌍을 분양받았다. 오래 사귀던 친구와 이별할 아이들을 위한 배려였다. 청이와 송이로 이름을 지어 주었다. 그중 송이는 잘 생긴 수컷이다. 송이가 어느새 자라 어엿한 총각이 되었다. 애교라곤 모르는 송이가 깜찍하고 귀여운 청이에게 날마다 구애를 하기 시작했다. 스스럼없이 다가가 청이의 냄새를 맡고 입을 맞추려고 시도했다. 하지만 주인의 사랑을 한 몸에 독차지하는 청이의 콧대는 주왕산 꼭대기보다 높아서 송이가 눈에 들어올 리 없었다. 냉소적인 성격의 송이는 단념도 빨랐다.

청송이는 밖을 배회하다가도 손나팔을 하고 이름을 부르면 득달같이 달려온다. 스무 가구 남짓 사는 조그마한 동네여서 귀 밝은 강아지들은 금방 알아듣는 가 보았다. 하지만 이슬비가 종일 추적이며 내리던 그날은 사정이 달랐다. 항상 붙어 다니던 청송인데 송이만 온종일 보이지 않았다. 동네를 다 뒤져도 허사였다. 해거름에 제 발로 걸어 들어왔을 땐 몰골이 가관이었다. 몸 전체가 까만 털로 덮이고 가슴엔 기하학적인 흰 무늬가 있는 원래의 멋스런 녀석이 아니었다. 푸른빛 목줄을 포함한 몸 전부가 갈색으로 변해 있었다. 젖은 흙에 범벅이 된 몸은 퀭한 눈과 함께 영락없는 패잔병 꼴을 하고 있었다. 발정기에 들어간 녀석이 끓어오르는 욕정을 어찌지 못해 종일 뒷산에 가서 혼자 뒹굴다 온 것이려니 생각했다.

그날 이후 송이는 자주 집을 나갔다가 배가 고플 때쯤 슬며시 나타나곤 했다. 청이에게 실연당한 녀석은 다른데서 짝을 찾기로 마음먹은 모양이었다. 아직 풋내는 나지만 덩치는 저보다 큰

송이의 사랑

풍산개에게 연정을 쏟기로 했다는 걸 길 건너 끝집에 있는 할머니의 방문을 받고서야 우리는 알았다.

"집에 강새이가 날 새마 우리 집에 와 싸서 죽겠구마. 우리 강새이한테 어찌나 치대쌌는지 하얀 강새이가 꺼먼 강새이가 됐구마는. 우리 강새이는 종자도 좋은긴데 새끼 뱄는 거 아인가 모리겠다."

족보 없는 송이는 할머니에겐 견제의 대상인가 보았다. 그렇더라도 저리 요령 없이 말씀하시다니 세상에 아름다운 말도 많고 많은데 곁에 있는 송이도 불쌍하고 나는 더욱 민망했다. 그저 강아지가 자주 와서 신경이 쓰이니 좀 묶어두라고만 했으면 좋았을 걸 그랬다. 지난 번 할머니 집 아궁이에서 번진 불이 집 전부를 태울 뻔 했을 때 가장 먼저 발견하고 불길을 잡은 사람은 우리 식구였다. 강아지를 평생을 같이 할 가족으로 생각하기보다 재산증식의 수단으로 여기는 할머니의 입장을 고려하더라도 그리 말씀하신 건 어째 좀 야속했다.

사랑을 갈구하던 송이가 묶였다. 녀석이 처음 당해보는 구속이다. 길 건너 풍산이가 있는 곳을 향해 끙끙 앓는 소리를 낸다. 어찌할 수 없는 슬픔이 북받치는지 자신의 집 지붕을 계속해서 물어뜯는다. 가정을 이룰 수 없는 집은 더 이상 아늑하지 않다는 뜻인가. 어쩌다 녀석을 묶어놓은 줄이 통째로 풀려 사라지고 없을 때가 있다. 불러도 돌아오지 않을 녀석임을 알지만 어디를 갔는지 찾느라 고민할 필요도 없다. 녀석은 어김없이 풍산이 곁으로 달려가 변함없는 열정을 불사르는 중이었고, 이웃 할머니의 심기는 여전히 불편했다.

  송이 녀석을 떼어내 집으로 데리고 오면서 생각했다. 오래전 홀로 되신 할머니는 동물이 사랑하는 저 모습도 가히 아름답게 보이진 않는가 보다 하고.

냄새는 기억을 환기한다

샤워를 마치고 나온 딸아이가 달뜬 표정으로 말했다.

"엄마, 안방 욕실에서 기분 좋은 냄새가 나!"

나는 인공적인 것을 싫어해 방향제도 쓰지 않는 성미다. 더구나 지금은 장마철이고 안방 욕실의 조그마한 환풍기로는 습기를 말리는 일조차 버겁다. 그래도 혹시나 싶어 욕실 문을 열어 보았다. 연하게 번지는 낯설지 않은 냄새가 내 게으름을 꾸짖는다. 어딘가에 곰팡이 꽃이 피었나 보다. 제가 알아서 습기를 품었다 뱉었다 한다는 황토집이지만 욕실 타일 위에까지는 그 역할이 미치지 못하는가 보다.

일본어를 공부한 딸아이는 오키나와로 워킹홀리데이를 갔었다. 일본의 가장 남쪽, 우기가 오래 지속되는 그곳은 덥고 습하다고 했다. 그러니 아이가 묵었던 여행자 숙소에서는 곰팡이가 동거인처럼 똬리를 틀고 있었을 게 분명하다. 아는 이 하나 없는 이국에서 곰팡내를 친구처럼 여겼을 딸아이를 떠올리니 새삼 안타까운 맘이 드는데 정작 아이의 표정은 그게 아니다. 떠나온 그곳이 그리워서 탐탁지 않은 냄새조차 기분 좋게 기억되는 눈치다.

아이가 그곳에 간 때는 본토에 지진해일이 휩쓴 직후였다. 일본으로 유학을 갔던 아이들도 위험을 피해 한국으로 다시 들어오던 때였다. 이미 계획을 세워놓은 뒤였고, 아이는 계획대로 가고 싶어 했다. 아이와 내가 타협점으로 찾은 것이 본토와 멀리 떨어진 남쪽 섬으로 가는 것이었다. 미지의 세계에 대한 두려움 따윈 모르던 아이는 그곳에 가면 또 다른 무언가와 마주치게 될지도 모른다는 막연한 희망을 안고 떠났다. 도착한 첫날은 태풍이 다가오고 있었고 종일 비가 내렸다고 했다.

아이는 여행자 숙소에 멀뚱히 앉아 밖을 보다가 무작정 거리로 나갔다. 빗속을 걷는데 문득 악기점이 눈에 띄었고 마치 목적지가 거기인 양 문을 밀고 들어갔다. 그리곤 똑똑하고 나직하게 말했다.

"제일 작고, 제일 싼 기타를 주세요."

이 말을 전해 들었을 때 나는 파울로 코엘료의 브리다가 떠올랐다. 마법을 배우고 싶다고 말하던 그녀가. 영혼의 반려자를 찾아 갖가지 모험을 하던 깊은 눈의 그녀가 생각났다. 딸아이도 처음 가 본 낯선 땅에서 자신의 쓸쓸함을 함께 할 무언가가 필요했을 것이다.

아이는 시간이 날 때마다 혼자서 기타를 쳤다고 했다. 평소에 가장 쳐 보고 싶던 곡을 아무도 보지 않을 때 연습을 했단다. 손가락에 굳은살이 박이고 어느 정도 그 곡에 익숙해질 때쯤 아이는 오사카로 떠나게 되었다. 이미 오키나와 구석구석 탐구를 마친 상태였다. 첫 친구가 되어주었던 기타는 아이와 함께 갈 수 없었다. 너무 많은 짐이 부담스러워 그곳 숙소에 두고 왔다고 했다. 지금쯤은 다른 외로운 여행자의 위로가 되어주고 있을지 모른다.

어떻든 두고 온 기타는 딸아이의 마음에 깊이 새겨져 오래도록 간지럼을 태울 거란 걸 세상을 더 많이 살아본 나는 안다. 감정의 결핍 같은 것이 느껴질 때에도 마음속의 장미처럼 언제든 생각만으로 피어날 수 있는 꽃 한 송이 자라고 있다는 건 마법이고 축복이다. 빛바랜 엽서 같은 풍경화 한 장 간직한 아이가 부럽기까지 하다.

섬에서 아이가 쌓은 인연은 기타뿐이 아니었다. 그중 한국인 여행자였던 뮤지션은 오키나와에서 얻은 영감으로 곡을 만들어 돌아와서도 '오키'라는 이름을 달고 왕성한 활동을 하고 있다. 아이는 가끔 짬을 내서 그의 인디밴드 공연도 보러 간다.

특별히 기억에 남는 건 섬에서 만난 노인의 눈빛이라고 했다. 노인은 지진해일 때문에 유출된 방사능을 피해 도망 다니다 오키나와까지 왔다는 사람이었다. 인생의 거의 모두를 소진했지만 무서움을 떨쳐버리지 못한 그의 눈빛에서 아이는 무엇을 읽었을까. 삶에 대한 기대보다 당장에 불어 닥칠 재앙이 불안해 살던 곳을 등진 노인, 방사능 유출의 진원지와 가장 멀리 떨어진 섬은 노인의 잃어버린 식욕을 되찾고 편안하게 잠들 수 있는 안전지대가 되어 주었을까. 그곳에서 그는 희망의 유혹 같은 걸 느꼈을까. 희망을 가질 수 있는 나이의 한계는 어디까지일까. 그를 보며 딸아이는 두려움이란 마음에서 일어나는 병이란 걸 분명 눈치챘을 것이다.

여행을 좋아하는 아이는 영혼의 한 부분이 마모되어 버리는 걸 경계하고 고독을 잘 감당하는 법을 배우기 위해 길을 떠나는지 모른다. 젊은 날의 내가 그러했으므로. 어느 순간 꿈을 벽에 걸어두고 사는 나와 매일 만지고 쓰다듬는 딸아이는 다르다. 문밖의 길들은 다 당신 거라고 꼬드기는데도 나는 이제 솔깃하지 않은 나이다. 달콤한 바람이 불어도 어쩔 수 없다. 에릭 사티의 음악만 흘러도 아이는 비눗방울처럼 부풀어 오르기 시작한다. 냄새가 기억을 환기하는 오늘 같은 날, 딸아이는 또다시 길을 떠나기 위해 짐 꾸릴 채비를 하는지 모른다.

냄새에 관한 기억

거랑을 끼고 산책을 한다. 바람이 불 때마다 파리한 달풀은 서걱거리는 소리를 낸다. 요즘 부쩍 무릎이 시큰거린다는 팔순의 엄마가 와락 보고 싶다.

어릴 적, 오일장이 서는 날이면 자주 엄마를 따라갔다. 이런저런 구경이며 주전부리도 눈치껏 할 수 있었으니 가는 길은 언제나 신이 났다. 하지만 돌아오는 길 중간쯤에서 어린 나는 늘 지치곤 했다. 아무리 보채도 통하지 않으면 먼지 나는 땅바닥에 퍼질러 앉아 못 걷겠다고 버텼다. 그러잖아도 보따리가 무거운 엄마는 못이기는 척 나를 업고는 꼭 한마디를 하셨다.

"다음 장에는 안 델꼬 올끼다. 알았제?"

못 말리는 떼쟁이에게 그런 공갈은 의미가 없었고, 닷새 후엔 어김없이 삽작을 나서선 또 그렇듯 아늑한 엄마 등에 업혀 있곤 했다.

 세상에서 가장 그리운 냄새가 있다면 어릴 적 맡았던 깊고도 그윽한 엄마의 몸냄새일 거라고 서걱대는 달풀이 내게 일러준다.

유월의 노래

유월 아침은 안보다 밖이 끌린다. 초여름 마당의 안부가 궁금한 탓이다. 울타리에 흐드러진 인동꽃이 옆집 아주머니처럼 다정하다. 인사를 건네듯 밤새 품었던 향을 아낌없이 펼쳐 놓는다. 꽃 이름에 어울리는 깊고 진한 향이다. 코로만 맡기엔 아깝다. 매혹적인 꽃술을 탐하고 싶다. 꽃차를 마시려면 손이 많이 가야 하는데 마음은 벌써 차를 우린다. 한껏 향을 머금는다. 감미로운 꽃향은 음미할수록 배가 고프다. 인동이 덩굴째 식혜 속으로 들어간 까닭 중엔 묵은 향기의 기억으로 허기를 달래고 싶은 맘도 있었을 게다.

마당엔 꽃향을 좋아하는 개가 산다. 이름하여 낭만개다. 툭하면 꽃덤불에 코를 처박는다. 신이 나면 꽃가루를 얼굴 가득 묻힌 채 온 마당을 뛰어다닌다. 찔레꽃이 지천으로 피었던 오월엔 가시 많은 찔레 덤불을 뚫고 들어가 자주 꽃향을 맡았었다. 찔레꽃 진 자리에 인동덩굴이 올라타 꽃을 피우니 저도 덩달아 이마를 높이 치켜들고 꽃냄새를 맡는다. 향기만 먹고도 배가 부른지 엉덩이를 실룩거리며 뜀박질을 한다. 마당 귀퉁이에 핀 초롱꽃이 개의 통통한 엉덩이에 부딪혀 화들짝 놀란다. 초롱꽃 속에 들었던 벌이 기겁을 하고 달아난다. 무겁도록 매달린 커다란 꽃무더기가 한참 흔들린다. 정작 접촉 사고를 일으킨 녀석은 아는지 모르는지 향이 연한 꽃에는 관심이 없다.

 쥐똥나무도 지나는 바람을 꼬드겨 보따리를 풀어헤쳤다. 옅은 분향이 옆구리를 잡아끈다. 떨어질 준비를 하느라 노란빛이 더 많은 인동을 뒤로하고 쥐똥나무 곁에 섰다. 쥐똥만 한 열매보다는 발길을 붙드는 향 때문에 눈길 머무는 나무다. 자잘하고 순박한 흰 꽃에서 내뿜는 향이 그윽하다. 농사철이 돌아와 사과꽃 알갱이를 솎아 줄 때면 과수원 뒷산에서 불어오는 바람에 친근한 분향이 스며들곤 했다. 좀체 끝날 것 같지 않은 일에 지쳐갈 즈음 뜻밖의 선물처럼 풍겨오는 쥐똥나무꽃향은 상큼한 위로였다. 향기로 인해 떠오르는 풍경은 늘 아름답다.

 꽃향기만으로 배를 채우기엔 무리인가 보다. 낭만개가 뛰노는 모양이 영 시들하다. 창고에서 녀석의 밥을 한 바가지 퍼내어 준다. 있는 대로 흔들리는 짧은 꼬리에 말보다 더한 감사와 기쁨이 묻어있다. 흐뭇하게 돌아서는데 울타리 너머 뻐꾸기 소리 요란하다. "홀 딱 벗 고, 홀 딱 벗 고"하며 우는 걸 보니 검은등뻐꾸기다. 듣는 이에 따라 다르게 들린다는 네 음절의 새소리가 음흉하기보다 경쾌하다. 어찌 보면 경상도 남자를 닮았다. 처음 본 여자를 "됐나?" 한 마디로 엮어 뽕밭까지 직행한 이도 더러 있다니 경상도 남자들의 언어 방식은 검은등뻐꾸기 울음보다 통쾌하고 거침없다. 실없이 웃다가 중성화한 낭만개를 내려다보니 처량하고 미안하다. 함께 살기 위한 최선의 선택이었다고 자위한다.

챙겨야 할 식구가 또 있다. 음식 찌꺼기와 사료를 넘치도록 담아 멀리 떨어진 닭장으로 간다. 길 양쪽에 개망초꽃이 눈부시다. 수줍고 은밀한 망초 꽃밭을 지나다 보면 아는 길도 잃을 것 같다. 사람의 마음을 홀리는 향이다. 혹할 것 같은 꽃향을 맡으며 닭장으로 가는 길엔 어떤 낙원도 부럽지 않다. 주인의 발소리를 눈치챘는지 닭들이 활개를 치며 운다. 맛있는 먹이를 내어주고 저희들이 낳아놓은 건강한 알을 가져가라는 소리다. 시골살이의 좋은 점이 말하지 않고 소통하는 방식이다. 일상이 느긋하고 향기롭다.

닭장에서 꺼낸 알을 물가에 앉아 씻는다. 알 하나를 톡톡 깨트려 그대로 삼킨다. 날것에서 나는 비린 맛이 없어 비위에 거슬리지 않는다. 차지고 고소하다. 음식 찌꺼기까지 살뜰히 챙기며 닭을 키우는 보람 같은 게 느껴진다. 분명 비리지 않은 알을 먹고 돌아서는데 비린 향이 날아든다. 계곡 너머 만개한 밤꽃이 제 존재를 알리고 싶었나 보다. 벌레를 닮은 징그러운 꽃이 나무를 하얗게 뒤덮었다. 첫 수꽃 지고 나면 늦게 피는 암꽃이 더 진한 향을 뿜을 것이다. 아무리 예쁘게 보려 해도 생김새와 향기 탓에 대접받기 힘든 꽃이다. 그럼에도 꽃이란 이름을 지녔으니 밉지 않은 구석이 하나쯤은 있을 터이다. 밤꽃은 밤에 보아야 빛나는 꽃이다. 세상 모든 꽃이 어둠에 갇혀버린 깜깜한 밤에 저 혼자 잔칫집처럼 불을 환히 밝힌다. 밤꽃이란 이름을 얻게 된 이유를 나는 밤꽃 핀 밤에 짐작하게 되었다.

유월은 향기로운 계절이다. 유월의 들꽃이 내뿜는 향기는 연인의 손길보다 달콤하다. 오래 음미할수록 깊은 정이 들고 한번 각인된 냄새는 몸에 밴다. 유월은 꽃을 보며 향기로 기억되는 사람을 떠올리기에 좋은 계절이다. 유월이 다 가도록 떠올릴 이름이 있다는 건 아직 그리움이 남았다는 말이다. 그립다는 건 아직 내게 남은 향기가 있다는 뜻이다.

인동꽃 덩굴 위로 다투어 피려고 준비하는 칡넝쿨이 보인다. 칡꽃 향기 흐드러지면 이미 칠월이다. 칠월에는 향이 다른 바람이 불 것이다.

입술이 보고 싶다

첫인상이 사라졌다. 전염병이 번지면서 입술이 숨어버린 때문이다. 눈은 마음의 창이라지만 얼굴의 반을 입가리개로 덮어버린 사람의 첫인상은 모호하다. 어디에서나 눈만 내어놓은 이들을 마주쳐야 하는 일이 불안하다. 우리는 지금 재난영화 같은 현실을 살고 있다. 그런 중에도 눈 화장에 정성을 들이는 여자를 보면 위로가 된다. 겉으로 드러나는 부분이나마 아름답게 보이고 싶은 사람에게서 강한 삶의 의지를 본다. 어떻든 소통의 창구 같은 입술을 꼭꼭 숨겨야 한다는 건 숨 막히는 일이다.

전염병 가운데서도 금지된 입술을 내어놓을 때가 있다. 누군가와 밥을 먹거나 차를 마실 때다. 그럴 때 가끔 처신이 불편해지는 걸 느낀다. 처음 만나는 사람일 경우에 더러 그러하다. 눈만 내어놓았을 때와 얼굴 전체를 볼 때의 느낌이 사뭇 달라지는 탓이다. 그보다 더 난처한 건 입술만 쏙 **빼놓고** 화장한 여자를 볼 때다. 입가리개에 입술 화장 묻는 일이 싫어서일 테지만 어딘지 아픈 것 같기도 하고 그녀의 벗은 몸을 본 것 같기도 해서 민망하다.

두해 전 가까이 지내는 여자 둘과 동해 바닷가를 쏘다녔다. 칼칼한 흑태 매운탕을 흡입하듯 들이붓고 팽나무 울타리가 인상적인 카페에서 차를 마셨다. 커피 잔에 남겨진 그녀들의 입술자국이 카페에 걸린 달 간판처럼 은은했다. 양포항 귀퉁이에선 해녀 아주머니들이 물질해 썰어주는 해삼이며 멍게를 놓고 소주를 마셨다. 평상에 앉아 수평선에 입술 맞대고 마시는 낮술은 달콤했다. 동해 일몰이 그녀들의 입술처럼 붉게 물들 때쯤 해풍으로 말린 국수를 개운하게 말아먹고 우린 헤어졌다. 그날 나누었던 맛깔난 수다와 미각 여행을 생각하면 눈부신 그녀들의 입술이 먼저 떠오른다.

그 계절의 끝 무렵에 반갑잖은 기별을 들었다. 그녀들이 앞서거니 뒤서거니 같은 암에 걸렸다고 했다. 시를 쓰는 그녀들은 또 다른 동병상련의 시인 하나와 톡방을 만들어 자신들의 이야기를 공유한다고 했다. 손가락이 입술을 대신하는 가상의 공간에 걱정거리를 부려놓고 서로 토닥여주기로 한 모양이었다. 작명하는 재주가 남다른 그녀들은 방의 이름을 '암스트롱'이라 지었다며 전화기 속에서 실없이 웃었다. 그 이름처럼 달을 정복하듯 암을 정복하길 바랐다. 나쁜 병을 떨치고 건강하게 되기를 틈날 때마다 기도했다.

삭막한 날들이었다. 술친구를 잃은 아쉬움보다 아픈 그녀들 생각에 재미없고 서글픈 나날이었다. 그러구러 해가 바뀌고 때 아닌 전염병이 창궐해서 너나없이 입가리개를 하는 처지가 되어 봄을 맞았다. 세상이 전염병 때문에 우울증을 앓거나 말거나 봄은 꽃과 함께 당도해 있었다. 입가리개가 필요치 않은 꽃은 부시도록 탐스러웠으나 발목이 묶인 우리는 봄 밖에 있었다. 병원을 오가며 병과 싸우는 그녀들이 보고 싶었지만 참기로 했다. 외부와의 접촉은 면역이 약한 그녀들에겐 치명적이 될 수 있었고 빠지기 시작한 머리 모양 또한 아무에게도 보여주고 싶지 않을 터였다.

카톡 선물코너에서 벚꽃 색깔 립스틱을 콕 찍어 그녀들에게 보냈다. 풀 죽어지낼 그녀들이 입가리개 안에서나마 화사한 입술을 간직했으면 싶었다. 누구에게 보여주기 위해서가 아니라 그녀들 자신에게 위안이 되는 입술을 가졌으면 했다. 그녀들이 벚꽃색 립스틱을 바르고 봄을 났는지 어쨌는지 물어보지 않았으나 간간히 접하는 소식은 환하고 밝았다. 그녀들이 쓰는 사람 냄새나는 시처럼 병도 기꺼이 끌어안았다가 편안히 놓아주는 법을 익히고 있을 거라 믿기로 했다.

두 번째의 봄을 맞았다. 젖무덤이 가벼워진 그녀들을 다시 동해 귀퉁이에서 만났다. 아직도 전염병은 진행형이어서 우리는 입가리개를 한 채였다. "내가 여자였을 적에"를 농담 삼아 던질 정도로 그녀들은 밝고 넉넉했다. 수유의 기억마저 가물거리는 여자들에게 가슴의 있고 없음에는 무게가 실리지 않았다. 가발과 모자와 입가리개로 무장한 여자 셋이 호미반도길을 걸었다. 파도가 와서 발밑을 적시면 마녀의 장화를 빌려 신은 듯 풀쩍거리기도 했으나 예전처럼 통통 튀는 입술은 볼 수 없었다. 소리는 듣는 것이 아니라 보는 것이라는 걸 그때 알았다. 입으로 하는 소리를 우리는 지금껏 귀만 아니라 눈으로도 듣고 있었다.

　전염병이 시작되기 한참 전부터 등산길이나 산책길에서 입을 가리고 걷는 부인들을 볼 수 있었다. 이를 보는 주변 사람들도 어느 사이엔가 입술 없는 얼굴에 적응되어 갔다. 눈에 보이는 성감대이며 사람의 얼굴에서 가장 매력적이라고도 할 수 있는 입술을 가리는 대신 하얀 피부를 유지하기로 한 것에 암묵적으로 동의한 것이나 마찬가지다. 키스가 일상인 서양인들의 눈에는 이상하게 보였을지 모르나 우리에겐 이미 자연스러운 일이 되어 있었다. 전염병 사태 속에서 입 가리는 일을 숙달된 조교처럼 하고 있는 우리는 소리를 볼 수 없다는 것의 불편함을 뒤늦게 깨닫는다.

일상에서 입술을 가리면서 우리는 하나의 섬이 되었다. 서로의 체온을 나눌 수 없는 세상은 삭막하다. 입술이 사라진 얼굴에선 사람의 온기가 느껴지지 않는다. 눈만으로 소통하기엔 숨이 가쁘다. 단절의 시대를 사는 우리가 불쌍하다. 으스러질 듯 껴안고 소리 내어 웃을 수 있던 때가 꿈결처럼 아득하다. 언제쯤 입가리개에서 벗어나 조곤조곤 나누는 따뜻한 얘기들을 귀가 아닌 눈으로 들을 수 있을까.

우리의 입술을 가져간 것이 무엇 때문인지 누구의 잘못인지 정확히 알 길은 없다. 다만 세상 모든 사람들이 입술을 내어놓고 살아온 세월만큼 많은 잘못을 한 탓이란 건 어렴풋이 안다. 입술을 내어놓을 수 있는 날이 오기 전에, 다시 입술을 가리게 되는 날이 오지 않기 위한 방책을 세우는 것이 먼저일 것 같다. 그러려면 지구 한 귀퉁이를 호호 입김 불어 닦아내는 노력부터 해야 하지 않을까 싶다.

제4부

추억은 향기다

나는 부러 책 속에 얼굴을 디밀어 오래도록 그 냄새를 킁킁거리며 맡는다. 찔레꽃 향기 같기도 하고 눈물이 입속에 흘러들 때의 맛처럼 짭짤하기도 한 무엇이 나를 향해 달려든다. 바스러질 듯 붉은빛이 도는 속지에서 허무주의 작가의 삶을 탐색하던 내 젊은 날의 한때를 떠올린다. -「추억은 향기다」

구만리 바람소리
추억은 향기다
습기 혹은 눈물
봄밤
바람 속을 거닐다
시간의 풍경
우물
인고의 맛은 달다
강정판에서
회색지대

구만리 바람소리

처마 끝 풍경이 밤새워 운다. 나도 잠 못 든 채 양철로 된 물고기가 되어 바람을 맞는다. 풍경에 매달린 몸이 어지럼을 탄다. 불면에 시달린 내 늑골에는 하염없이 더운 바람이 인다. 거실로 나와 창문을 연다. 뒷산 은사시나무 숲을 헤집던 바람이 왈칵 밀려든다. 불면을 부채질하던 바람에도 달아오른 몸을 식히기엔 모자란데 거친 바람결에 꽃 지는 소리 들린다. 봄이 간다는 기별인가 보다. 문득 가야 할 곳이 떠올라 카메라를 챙기고 날이 밝기를 기다린다.

곶은 바다가 뭍으로 가고 싶어 긴 팔을 뻗은 곳이다. 절절한 그리움으로 바다가 빚어낸 뭍의 형상이다. 어찌 보면 애착의 경계인 듯한 호미곶 언저리에는 구만리 언덕이 있다. 나는 멀고 아득한 땅에 사는 바람을 만나러 간다. 그득히 피어난 청보리를 껴안고 악보 없이도 노래하는 바람을 보러 간다. 바람과 보리가 한데 엉긴 몸짓이 거리낌 없이 어울리는 곳으로 간다. 바다는 바람의 힘을 빌려 습기 품은 비릿한 냄새를 언덕으로 보내놓고 하얗게 팔랑이며 보리물결을 넘겨다 볼 것이다. 이맘땐 호미 바다도 나처럼 구만리 언덕에 몸을 섞고 싶어 안달이 난다는 걸 짐작으로 안다.

내쳐 달려온 구만리 언덕엔 우르르 바람이 먼저 인사를 건넨다. 나는 예의를 갖추듯 낮게 엎드리며 사진을 핑계 삼아 보리밭에 스며든다. 보리가 춤추는 걸 찍는 동안 바람은 카메라를 거쳐 내 몸을 골고루 관통해 갈 것이다. 몸에 걸친 긴 재킷이 펄럭거리며 소리를 보탠다. 땅과 바다가 뜨겁게 부둥켜안은 호미곶 끄트머리 구만리 언덕에서 해 종일 바람을 맞는다. 간밤 몸속을 유영하던 더운 기운은 흔적을 감췄다. 어쩌면 내가 자꾸 열이 난다고 생각하는 건 마음에서 일어나는 일인지도 모른다. 산속에서 귀로만 듣던 바람과는 다른 융숭한 움직임이 물컹물컹 나를 만진다.

구만리 언덕에선 옷자락을 여밀 생각일랑 아예 말아야 한다. 무엇이든 여며야 할 것이 있다면 내려놓고 와야 한다. 버려야 할 것이 있다면 바리바리 싸 짊어지고 와도 무난하다. 사내의 억센 숨결 같은 바람이 깊은 곳에 숨겨둔 먼지만 한 미련 한줌까지 남김없이 비워줄 수 있는 곳이다. 한순간도 멈추지 않고 부는 바람은 보리밭 사이사이를 헤집으며 불고 머리칼 하나하나를 다 셀 것처럼 분다. 하여 소용없는 일인 줄 알면서 옷의 단추라도 떨어지지 않았나 싶어 살피게 된다.

나는 여며야 할 것보다 버려야 할 것이 더 많은 사람이다. 밥벌이에 관한 생각들을 짊어지고 사느라 늘 등이 아프다. 어설픈 농군에서 잇속 챙기는 장사꾼도 되어야 하니 속에선 신물이 치민다. 녹슨 문장을 껴안고 밤마다 씨름을 하느라 머리는 지끈거린다. 하지만 내겐 숨통 같은 그 일을 손에서 놓을 수 없다. 그런 중에 누구나 처음이라는 갱년기를 힘겹게 지나고 있다. 몸에선 불이 나는데 손발은 시리고 저리다. 이처럼 잡다한 삶의 찌꺼기들을 이 언덕에 부려놓고 바람이 거두어 가는 걸 지켜보러 왔다. 다 버려서 텅 비어버린 내 속에 맑은 풍경소리 하나 담아갈 수 있으면 좋겠다.

구만리 허릿등에 서서 삼각대를 펼친다. 무거워 버리려던 물건이 끊임없이 누웠다 일어나는 바람을 붙잡자니 소용에 닿는다. 이 물건이 카메라를 흔들림 없이 지탱해주지 않는다면 바람은 정갈하게 표현되지 않을 것이다. 그저께까지만 해도 신형의 가벼운 삼각대에 마음이 가던 참이었다. 참지 못하고 바꾸었더라면 이토록 바람 많은 언덕에서는 제 구실을 못할 뻔했다. 때론 투박하고 못생긴 것이 귀하게 여겨질 때도 있구나 싶다. 진득하지 못한 내 마음 먼저 버려야겠다.

　바람이 귀를 때리더니 머리칼이 눈을 가린다. 잠시나마 보이지 않으니 소리는 더욱 선명하다. 버려야 할 것들을 다 버렸는지 묻는 소리 들린다. 바람은 어찌 알았을까. 내려놓은 것들이 못내 아까워 슬쩍 주워 담으려던 중이었다. 바람의 물음에 놀라 언뜻 깨닫는다. 이토록 세찬 바람의 언덕에서도 움켜쥐기만 한다면 난 영원히 놓지 못하겠다는 걸. 그러니 지금이 가벼워질 수 있는 적기라는 걸 말이다.

　신은 성전에만 기거하는 건 아니다. 풀포기 하나에도 내리는 빗줄기에도 존재한다고 믿는다. 내려놓지 못하고 움켜쥐려는 나에게, 사는 일에 자꾸만 힘겨워하는 나에게 말 걸어 준 건 바람의 몸을 빌린 신이 아니었을까. 훌훌 털어버리고 홀가분해진 맘으로 세상 속에 다시 나아가라고 위로하는 소리 들리는 것 같다. 카메라 앵글 속에서 좀 더 가벼워진 내가 웃고 있다. 흔들리는 보리를 배경으로 더는 흔들리지 않을 내가 바람 속에 초연하다.

　제가 지닌 등짐이 무겁다고 생각키우거든 국토의 방향키를 쥐고 있다는 호미곶 언저리 구만리 언덕에 서 볼 일이다. 구만리 허릿등의 바람을 맞아 볼 일이다. 이 고장 사람들의 염려처럼 '내 밥 먹고 내 배 꺼져'도 아깝지 않을 만큼 이 언덕에 부는 바람은 당신의 위로가 되어줄 것이니. 그나저나 나는 구만리 바람에 홀려서 길 잃지 않고 무사히 돌아갈 수 있을까. 거죽뿐이 아닌 온

전한 내 마음을 데리고 집까지 갈 수 있을까. 구만리 언덕을 떠나려니 어느새 친근해진 바람이 허리춤에 달려들어 자꾸만 내 팔짱을 낀다.

추억은 향기다

낡은 책꽂이를 둘러보니 빛바랜 책 몇 권이 눈에 띈다. 루소의 '고백록'과 모르와의 '인생론'이 보이고 사르트르의 '구토'는 투명 비닐 표지가 누렇게 변색되었다. 본문이 세로로 쓰인 이 오래된 책들은 학창 시절 헌책방 골목을 누비며 사 모은 것들이다. 삐걱거리는 소리 들리는 나무계단을 올라 먼지꽃 핀 다락 구석진 곳에서 마음에 쏙 드는 책을 찾았을 때의 기쁨은 어디에도 비할 수 없다. 그런 날은 남문시장 책방 골목에서 집까지 꽤 먼 거리를 달빛을 등에 지고 걷기도 했었다. 한쪽 표지가 떨어져 나간 성聖 고은 에세이를 펼친다. '인간은 슬프려고 태어났다'는 제목이 주는 무거움에 비해 코끝에 와 닿는 냄새가 그윽하다.

나는 부러 책 속에 얼굴을 디밀어 오래도록 그 냄새를 킁킁거리며 맡는다. 찔레꽃 향기 같기도 하고, 눈물이 입속에 흘러들 때의 맛처럼 짭짤하기도 한 무엇이 나를 향해 달려든다. 바스러질 듯 붉은빛이 도는 속지에서 허무주의 작가의 삶을 탐색하던 내 젊은 날의 한때를 떠올린다.

책꽂이 맨 아래 서 있기조차 힘들어 아예 누워버린 허술한 책이 몇 있다. 복사기가 없던 시절 밤늦게까지 친구들의 글을 기름종이에 베끼고 등사기로 밀어서 만든 동아리 문집이다. 분량이 많아 몇 명의 친구들이 나누어 가지고 글씨를 썼다. 문집을 넘길 때마다 글자 모양이 달라지는 추억을 더듬는다. 양 갈래 머리를 한 단정한 여학생과 여드름투성이 부끄럼 많던 남학생의 열정이 책갈피마다 배어나는 것 같다. 제동장치가 고장 난 자전거를 타고 그 시절로 마구 달려가고 싶다.

문집 곁에 나란히 함께 누운 사진첩엔 가족들의 단란한 한때가 들어있다. 지금은 다 자라 코 밑에 까만 수염이 돋아나는 아들 녀석과 이젠 제법 숙녀다운 딸아이의 어린 날들이 차곡차곡 쌓여있어 절로 웃음이 난다.

아이들이 자신들 모습은 없다며 투덜대던 우리 부부의 결혼 비디오에 눈길이 간다. 묵은 먼지를 털고 화면을 재생해 본다. 지금은 곁에 없는 아버지가 그 속에선 넉넉하게 웃고 계신다. 문득 테이프를 엄마한테 전해 드려야겠다는 생각을 한다.

요즘의 아이들은 헌책방을 전전하지 않는다. 치열한 경쟁 속에 놓여있는 요즘 아이들은 헌책방을 둘러보는 낭만을 즐길 수 없는 까닭이다. 시간을 아끼기 위해 동네 서점이나 온라인 서점에서 필요한 책을 그때그때 구입한다. 하지만 편리함이 추억까지 길어 오진 않는다. 추억할 거리가 없는 삶은 쥐똥나무 꽃핀 울타리를 지날 때도 향기를 모르는 것과 같다.

습기 혹은 눈물

신혼시절, 나에게는 말 잘 듣는 세탁기 '예예'가 있었다. 그전까지와는 달리 전자동으로 만들어져 동작 단추만 눌러 놓으면 저 혼자 알아서 빨래를 했다. 하지만 거기엔 치명적인 결함이 있었다. 전원 단추가 포함된 계기판은 습기에는 무방비 상태였다. 세탁실이 따로 없는 탓에 세면장 습기를 뒤집어쓴 '예예'는 차츰 말을 듣지 않더니 얼마 못가 중병이 들었다. 몸에도 물기가 차면 마음에 한기가 들고 나중엔 앓아눕게 된다는 걸 그 무렵 알게 되었다.

겉만 번듯하고 속은 허술한 이국풍의 집이 내 마음에 들어왔다. 그 집을 한 번 보고 대번에 전세를 들었다. 마주 보이는 언덕에 유채꽃이 살가운 봄볕을 이고 푸지게 피어있었다. 그 풍경을 바라보는 것만으로도 날마다 봄날일 것 같았다. 나는 차이코프스키와 샐러드 빵을 좋아하고 이른 봄 햇살을 반찬삼아 식탁을 차리는 철모르는 새내기 주부였다.

내 몸에 습기가 차기 시작한 건 그 집에 세 든 그날부터였다. 아래층에 사는 주인아주머니는 지금껏 내가 만난 사람 중에 가장 말이 통하지 않는 여자였다. 스스로 배운 게 없다고 내뱉으며 아무렇게나 행동했다. 모순으로 똘똘 뭉친 그녀는 새로 지은 집이 닳을까 걱정스러운 나머지 위층에 손님이 오는 것도 싫어했다. 수시로 위층을 들락거리며 간섭하는 걸 일삼았다. 그녀는 남편이 출근한 틈을 타서 나를 힘들게 했다. 배운 건 없어도 머리 나쁜 여자는 아닌 게 분명했다. 늘 제 맘대로인 그녀 앞에서 나는 지은 죄도 없이 움츠러들었다.

또다시 봄이 왔고 마법처럼 향긋한 바람이 창문을 두드려도 웅크리고만 지냈다. 유채꽃 핀 언덕도 더 이상 감미롭지 않았다. 따뜻한 사람들 속에 섞여 내가 간직한 웃음이 시드는 일 없이 살고 싶었으나 그 집에선 그럴 수 없었다. 평생을 뼈 빠지게 고생만 했다는 아주머니는 "무시라, 몬 살겠다."로 시작해 막무가내로 치달았다. 어쩌다 자신의 땅에 아파트가 들어섰다며 이제까진 기어 들어가고 기어 나오는 집에서 살았다고 했다. 영감님과 한 번도 애틋한 눈길을 나누어 본 적 없는 사람이었다. 소리 내어 싸우는 일이 일상이 되어버린 그 집에 신혼의 부부가 세든 것부터 잘못된 일이었는지 모른다.

   남편은 속사정을 알고 난 후에도 처음 계획한 기간을 채우자고 우겼다. 아내의 눈물을 못 견뎌 하는 터라 마음 놓고 울 수도 없었다. 내 몸엔 차츰차츰 물기가 쌓여 그 집 앞을 가득 채운 저수지처럼 되었다. 울고 싶을 때 울지 않으면 다른 장기가 대신 운다고 했다. 내 몸에 고인 물기로 인해 곰팡이꽃이 피고서야 미적거리던 남편은 어영부영 짐을 꾸렸다.

   환풍구마저 없는 세면장에서 아파하던 세탁기는 몇 번의 치료를 받았다. 서비스 기사는 매번 같은 말을 되풀이했다. 하루라도 빨리 습기가 없는 곳으로 옮겨야 한다는 말이었다. 집이 비좁아 따로 둘 곳을 마련하지 못한 나는 계기판에 스민 물기를 건조기로 말리는 일이 전부였다. 결국 편하기 위해 장만했던 전자동 세탁기는 습기를 이기지 못하고 망가진 것들의 무덤으로 갔다.

   나는 요즘 화덕 앞에 쭈그려 앉는 일이 잦다. 식구들이 씻을 물을 데우기 위해서다. '기름 먹는 하마'란 별명이 붙은 우리 집 보일러 탓도 있지만 화덕에 불 지피는 일은 재미난다. 과수원에서 가지치기를 하고 가져다 놓은 나무는 수북이 쌓여 있어 땔감 걱정은 없다. 화덕 앞엔 언제나 앙증스러운 청이와 송이가 다소곳이 앉아서 숯불에 익어가는 고구마를 기다린다. 몸이 너무 뜨거워지면 슬금슬금 엉덩이를 뒤로 빼는 모습이 여간 귀엽지 않다. 키우는 강아지와 마음을 나누는 일은 어울려 살아가는 기쁨

습기 혹은 눈물 159

을 덤으로 준다.

 물이 끓기 시작하면 양은솥은 눈물을 흘린다. 뜨거운 눈물은 솥전을 타고 흘러내린다. 참기가 힘들다는 신호다. 떨어진 눈물 탓에 화덕 앞이 흥건해지면 땔감을 거두고 불이 잦아들게 둔다. 화덕 안에 불빛이 사라져 가면 양은솥은 끓기를 멈추고 숨을 고른다.

 이제 숙련된 주부인 나는 화덕 앞에 앉아 까마득한 예전의 흘리지 못한 눈물을 생각한다. 물건이든 사람이든 습기가 차면 병이 든다는 징조다. 어서 비우든지 닦아내든지 하라는. 그래야 곰팡이가 피지 않는다는.

봄밤

봄밤은 너그럽습니다. 긴 겨울을 지나온 사람에게 봄밤은 어깨를 움츠리지 않아도 되어 좋습니다. 꽃이 있는 밤은 사람을 설레게 합니다. 밤의 물가에 봄꽃이 날리는 풍경은 보는 사람을 시인으로 만들기도 합니다. 꼭 그런 날, 시를 좋아하는 이들이 모였습니다.

파킨슨병을 앓는 중에도 달의 북채를 놓지 않는 노 시인이 오늘 모임의 좌장입니다. 자신은 언제나 휴화산이라 우기는 처용 아내도 꽃을 피우듯 붉은 치장을 하고 앉았습니다. 두 분 노 시인을 둘러싸고 그분들을 따르는 중년의 제자들이 자리를 채웠습니다. 조촐한 음식과 향기로운 차를 나눠 마시며 詩시한 봄놀이에 들 채비를 합니다.

물가에 어둠살이 내리고 먼데 불빛이 하나 둘 제자리를 밝힙니다. 봄꽃 화관을 둘러 쓴 그네들이 시를 노래합니다. 달북 시인이라 이름 붙은 노시인의 시를 함께 나이 들어가는 제자가 대신 낭독하는 것으로 봄밤의 문을 엽니다. 채와 북 사이 동백꽃 지는 풍경이 눈앞을 스칩니다. 달을 소리북이라 칭한 시인이 미친 향기의 북채를 휘두르면 뚝뚝뚝 동백꽃 집니다. 듣는 이들은 모두 숨을 죽이고 지그시 눈을 감기도 합니다. 모가지째 뚝뚝 떨어지는 동백나무 아래 선혈의 천둥 지나갑니다. 손을 약하게 떠는 시인이 자신의 시를 그윽한 눈빛으로 음미합니다.

뒤이어 처용 아내란 별칭이 붙은 시인이 자신이 쓴 '휴화산이라예'를 읊조리기 시작합니다.

"보이소예, 지는 안죽도 용암이 펄펄 끓고 있어예. 시들긴 했지만 지도 철따라 피었다 지는 꽃이라예. 봄비는 추적추적 임발자국 소리 겉고 벚꽃 잎은 한숨지미 떨어지는데 혼자 지샐라카이 적막강산이라예. 봄밤이라예. 안그래예?"

절절한 심정을 노래하는 칠순을 훌쩍 넘긴 그녀가 불현듯 아름답게 보입니다. 작은 그녀의 어디에서 용암 같은 열정이 뿜어져 나오는지 짐작하기 어렵습니다.

꽃을 닮은 시들이 봄밤을 수놓는 동안 우리는 모두 꽃나무 아래 세 들어 사는 사람이 됩니다. 마음은 따습고 눈빛은 곱습니다. 봄꽃 향기는 아무래도 귀로 들어야 하겠습니다. 머리에 화관을 쓴 그네들의 입술에 봄이 가득합니다. 시를 뿜어내는 그네들의 입술이 꽃밭입니다. 봄꽃을 파종하는 밤의 물가는 안온합니다. 순한 눈빛을 지닌 사람들이 거기 있는 때문입니다.

저는 문득 달평 씨를 떠올립니다. 제가 사는 마을엔 갓 쉰을 넘기고도 훌쩍 늙어버린 달평 씨가 있습니다. 그의 밥은 막걸리입니다. 날마다 자전거 짐칸에 빈 사과상자를 싣고 읍내에 막걸리를 사러 갑니다. 낮 동안 아침나절에 사 온 막걸리 병을 혼자서 다 비우고 나면 해거름에 또다시 낡은 자전거를 끌고 나섭니다. 저녁밥 대신 마실 막걸리가 필요해서입니다.

달평 씨에게 막걸리는 친구입니다. 여태 장가를 들지 못한 그는 노모가 돌아가신 후 줄곧 혼자 삽니다. 스무 가구 남짓 모여 사는 마을에는 달평 씨와 어울리는 사람이 없습니다. 침까지 튀겨가며 남의 일에 참견하길 좋아하는 그를 아무도 가까이하려 않습니다. 그의 입은 갈수록 거칠어져서 괜히 아는 체를 했다간 욕을 먹기 십상입니다. 그런 그에게 막걸리는 잠시도 떼어놓을 수 없는 친구며 애인입니다.

달평 씨에게 막걸리가 아니라 詩동무가 생겼으면 좋겠습니다. 길을 가면서도 수시로 혼잣말을 내뱉는 그가 무척이나 쓸쓸해 보였습니다. 그에게 시라는 친구가 있다면 조금은 덜 외로울 것 같습니다. 가끔 우리 집 앞을 지나다 개가 짖으면 들어와 멍멍이와 놀다가는, 속은 따뜻한 달평 씨에게 해줄 말이 생각났습니다.

다음번엔 시모임에 함께 하자고요. 뜬금없이 나타난 그로 인해 조용하던 자리가 좀 어수선해질지 모르지만 말입니다.

바람 속을 거닐다

　한실들의 가을은 오가피나무의 잎 지는 소리와 함께 깊어간다. 비취반지를 닮은 열매가 차츰 굵어져 자수정 브로치를 닮아가면 우듬지를 스쳐온 바람은 마른 잎을 떨어뜨린다. 마주 보이는 대곡 솔밭에도 늦가을 빛이 완연하다.

　내가 다닌 초등학교에서 이곳 솔밭까지는 꽤 먼 길이었다. 큰 동네 하나를 지나면 '갱빈'이라 부르는 하천변이 있었고 '갱빈'을 지나 또 한참을 걸어야 닿을 수 있었다. 주변에 평평한 산이 흔치 않은 까닭에 전교생을 품어주던 이곳이 우리들의 만년 소풍 장소가 되었었다.

　육 학년 가을소풍, 그날은 아침부터 마음이 들떠 가라앉히기가 힘들었다. 어머니가 서문시장 몇 바퀴를 돌며 고르고 골라 사다 주신 물방울무늬 원피스는 내 눈에 참으로 예뻤다. 과자가 가득 들어 불룩한 가방 한 구석엔 선생님께 드릴 은하수 담배도 잊지 않고 챙겨 넣은 터였다. 주머니엔 사이다를 몇 병이나 사고도 남을 만한 돈이 넉넉하게 들어있었으니 학교에 가는 내내 발이 땅에 닿는지도 모를 지경이었다.

교장선생님의 훈시는 그날따라 끝도 없이 이어졌다. 빨리 소풍을 가서 맛있는 김밥과 과자를 먹고 보물을 찾고 아이들과 수건돌리기를 하며 마지막 소풍을 즐기고 싶었다. 그러니 오늘따라 날씨가 맑아서 다행이라거나 불량식품을 사 먹으면 절대로 안 된다거나, 무리에서 이탈하는 일이 없도록 특별히 조심하라는 말씀이 내 맘에 새겨질 리 없었다.

솔밭에 당도했을 땐 솜사탕 장수의 자전거와 풍선 장수와 나무상자를 어깨에 둘러맨 얼음과자 장수가 먼저 와 있었다. 달콤한 솜사탕 냄새는 동산에 가득해서 입 안에 침이 고였다. 흩어져 놀기 바쁘게 솜사탕을 파는 자전거는 아이들로 둘러싸였다. 하지만 저 학년 아이들이나 좋아할 것 같은 구름 닮은 막대사탕 따위는 내게 하찮아 보였다.

꾀를 내어 미리 보물 이름이 적힌 쪽지를 혼자서 찾아볼 요량이었다. 후미진 곳 몽당소나무 아래에 닿았을 때였다. 약장수 목소리를 **빼닮은** 아저씨가 배꼽까지 오는 좌판을 앞에 두고 "돈 놓고 돈 먹기"를 외치고 있었다. 좌판 위엔 작은 종지 세 개가 엎어진 채로 있었고, 가운데 하나를 들추니 옹크린 주사위가 나왔다. 종지를 이리저리 옮기는 아저씨의 손놀림은 눈부시게 빨랐다. 몇몇이 붙어 서서 돈을 걸고 용케도 주사위 든 종지가 걸리면 건 돈만큼 돈을 따고는 했다.

  나는 금세 구미가 당겼다. 달이 물을 끌어당기듯 단숨에 빠져들었다. 돈은 내 주머니에서 속수무책으로 빠져나갔다. 눈을 문질러가며 크게 뜨고 보아도 주사위는 나를 배신했다. 속으로 이번 한 번만을 외치며 더 깊이 빨려 들어갔다. 목이 마르고 입술이 탔다. 물통을 가지러 간 사이 야바위꾼이 사라져버릴지도 모른다는 생각에 발을 뗄 수도 없었다. 마지막으로 남은 오십 원을 손에 들고 망설이고 있을 즈음 우리 반을 부르는 손나팔 소리가 아득하게 들렸다. 붉게 달아올랐는지 화끈거리는 얼굴을 하고 나는 잠시 방향감각을 상실한 채 비틀거렸다.

  어찌어찌 반을 찾고 보니 단체사진을 찍는 순서였다. 질펀하게 퍼질러 앉아 울고 싶은 걸 겨우 참으며 키 작은 난 맨 앞줄에 끼어들었다. 사진사가 시키는 대로 다른 아이들처럼 웃으려 했지만 좀체 입이 벌어지지 않았다. 머리 위를 맴도는 잠자리 한 마리가 나를 향해 자꾸만 손가락질을 하고 있었다. 대통맞은 야바위꾼 같아 나는 종주먹을 날렸다.

  생각할수록 내 것을 잃어버린 아픔은 컸다. 구두쇠로 소문난 아버지께 모처럼 받은 용돈이었다. 주머니에 넣고만 다녀도 마음이 든든할 것이었다. 날아간 돈을 좋아하는 드롭스로 바꾼다면 한동안은 달콤하게 지낼 수 있었으리라 생각하니 분통이 터질 것만 같았다. 그렇더라도 야바위꾼한테 당한 부끄러움은 몇 배 더 커서 아무에게도 털어놓을 수 없었다.

아버지 상에만 올라가던 귀한 달걀이 오늘은 내 차지가 되었지만 고소한지 어떤지, 오랜만에 먹는 김밥은 간이 잘 맞는지 통 알 수 없었다. 점심을 먹는 내내 야바위꾼의 목소리만 귓전에서 쟁쟁거렸다. 보물찾기도, 장기자랑도 안중에 없기는 마찬가지였다. 이미 졸업해버린 솜씨 좋은 오빠만 곁에 있다면 잃어버린 내 돈을 찾을 수 있을 텐데 하는 생각뿐이었다.

집으로 돌아오는 길은 세상에서 가장 멀게만 느껴졌다. 뜨거운 가을볕에 목은 말라 시원하고 달짝지근한 사이다 생각이 간절했지만 이십 원이 모자랐다. 또다시 야바위꾼의 좌판 위에 펼쳐진 종지며 주사위가 눈앞을 둥둥 떠다녔다. 그때에야 좌판 앞에 붙어 섰던 그들이 바람잡이였다는 데 생각이 미쳤다. 지금껏 한 번도 본 적 없는 얼굴들이었던 것이다. 갱빈을 지나며 물속에 비춰 본 내 얼굴이 깨어져 내다버린 질그릇 같았다.

하릴없이 어슬렁거리다 땅거미 내리는 동네 어귀에 왔을 때였다. 무명 수건을 눌러쓰고 그루콩을 따던 어머니는 까마중 열매처럼 그을리고 지친 딸을 향해 양팔을 벌리셨다. 박꽃같이 환하게 웃던 어머니의 품속에서 차오르던 설움은 흔적도 없이 날아갔다.

　무라카미 하루키는 〈기억의 저편〉이라는 자신의 저서에서 '인간은 기억을 연료로 살아간다.'고 했다. 바람 속을 거닐어야 할 소풍에서 나는 바람잡이에게 속아 야바위꾼한테 호되게 당했던 기억을 지니고 살았다. 하지만 그들 덕분에 지금껏 바람잡이가 아니라 벗바리가 되려고 애썼다. 호기심 하나는 누구보다 넘치지만 야바위꾼 근처에는 그날 이후 다시는 가지 않았다. 그때의 찡그린 사진을 보며 빙그레 웃을 수 있는 것도 혼자만 간직한 철없을 적 기억이 내 삶의 연료가 된 때문이다.

　한실들의 가을이 다 저물기 전 아이들 손을 잡고 바람 속을 거닐어봐야겠다. 솔밭 언저리 어디쯤 몽당소나무가 있던 자리를 찾아보는 것도 어쩌면 괜찮겠다. 엄마가 한때는 꽤 간 큰 어린 타짜였다며 아이들에게 고백도 할 겸 말이다.

시간의 풍경

할단새를 기억한다. 눈 덮인 킬리만자로에 산다는 전설 속 망각의 새다. 밤새 추위에 떨면서 아침이 되면 둥지를 트리라 마음먹지만 햇살이 비치면 그 따스함에 모든 걸 잊고 만다.

서른아홉의 끝에서 나는 원인이 빤한 우울을 앓고 있었다. 미래에 대한 불안으로 방황하던 젊은 날, 그토록 갈망했던 마흔이 문 앞에 와 있었지만 바라던 내 모습은 어디에도 없었다. 남편과 아이들의 배경으로만 존재하는 무채색의 내가 희미하게 눈 떠 있을 뿐이었다. 꿈마저 망각한 채 멎어있는 나를 흔들어 깨울 무언가가 참으로 절실했다.

그 무렵 지인을 통해 한 인연을 만났다. 한라산 사진을 주로 찍는다는 사진가였다. 그분은 오로지 사진을 찍기 위해 삶의 터전마저 뭍에서 섬으로 옮겼다고 했다. 틈만 나면 그분의 갤러리가 펼쳐진 홈을 들락거렸다. 사진을 향한 그의 열정은 목숨을 담보로 한 것이었고, 고난의 기록과도 같은 산행일기는 읽을수록 매료되었다. 여행을 즐기는 내게 그의 사진들은 또 다른 신세계로 다가왔다. 사진을 찍고 싶다는 생각이 내 안에서 모락모락 피어올랐다.

모처럼 혼자만의 여행을 떠났다 돌아온 저녁이었을 게다. 남녘에 나다니는 봄빛과 섬진강을 따라 흩어지는 매화 꽃잎을 두고 온 게 아깝다는 마음이 들었다. 찬거리를 사러 나간 시장에서 간고등어 한 손과 소국 한 다발을 앞에 두고도 한참을 망설이곤 하던 나는 인터넷 쇼핑몰을 뒤져 제법 무게 나가는 카메라를 대책 없이 사들이고 말았다. 제법 용기가 필요한 일이었지만 망각의 새처럼 나이 들 수 없었다. 바쁘게 달아나는 시간을 붙잡고 싶었다.

한라산 산신령님과 맞짱 뜨듯 사진을 찍는 그분은 기꺼이 나의 사부가 되어주었다. 나도 그분처럼 사진에 빠질 수 있었으면 싶었다. 집안일을 모두 끝낸 늦은 밤 컴퓨터 앞에 앉으면 사부님의 사진 강의가 빽빽하게 올라와 있곤 했다. 꼼꼼하게 공부하고 숙제까지 마치면 창밖이 뿌옇게 밝아오는 날도 있었다. 결혼 후 처음으로 가져보는 나만을 위한 시간이었으므로 약간의 긴장과 피곤이 섞인 그 시간이 소름 돋도록 좋았다.

카메라를 내 몸의 일부인 것처럼 옆에 끼고 사는 날이 늘어났다. 틈만 나면 습지의 안개와 강나루의 일몰을 담으러 나섰다. 노을이 번지는 키 큰 미루나무 주변과 강가 보리밭을 서성거렸다. 주부의 부재 뒤에 찾아올 가족의 불편을 덜기 위해 몇 배로 부지런을 떨어야 했지만 좋아서 하는 일이므로 투덜거림이란 녀석은 맨발로 도망가고 뒤꿈치도 보이지 않았다.

적정노출과 셔터스피드는 가장 기초적인 것이지만 실전에서는 항상 헤매곤 했다. 디지털카메라의 사용이 보편화하면서 포토샵을 통한 후작업도 소홀히 할 수 없었다. 피사체를 보는 '카메라아이'라든가 구도 잡기는 갈수록 어려웠다. 노출이 적절치 않거나 색감이 맞지 않는 사진을 숙제로 제출한 날은 어김없이 사부님의 질책이 날아들었다. 슬그머니 카메라를 내려놓고 싶을 때 그분은 당근 같은 한마디를 잊지 않았다.

"설거지 끝나면 전화하세요!"

더딘 걸음으로 따라가는 제자에게 언제든 소중한 시간을 할애할 준비를 하고 계신 사부님을 생각해서라도 처음의 열정만은 간직해야 했다.

그저 스쳐 지나던 풍경이 눈에 들어오기 시작했다. 카메라의 눈으로 보면 바람이 다니는 길이 보였다. 언덕의 억새밭을 지날 때에나 강가 보리밭을 바라볼 때도 바람의 길은 있었다. 하늘을 지나는 구름과도 바람은 어깨동무를 하고 다녔다. 낯선 바람을 만나는 일이 무뎌져 가는 나를 들뜨게 했다. 들판을 수놓은 키 작은 꽃들의 이마며, 그물을 끌어올리는 어부의 억센 팔뚝이 의미 있게 다가왔다. 포구에 나란히 정박해 둔 코발트블루의 어선들이 이국에서 만난 엽서처럼 반가운 악수를 청해 올 때나 섬으로 가는 배를 기다리며 엿 파는 총각의 질펀한 사투리를 들을 때면 두고 온 가족이 눈물겹도록 보고 싶기도 했다. 그런 풍경을 카메라에 담았다.

익숙하게 받아들이던 뭍의 소음들이 귀를 어지럽히면 섬으로 찾아들었다. 단조로움만 있고 잡다한 관계가 형성되지 않은 그런 곳에서 몇 달 혹은 며칠이라도 발목이 묶여 버렸으면 했다. 세상과 단절된 곳에서 울부짖는 태풍을 만나고 싶었다. 하지만 섬에 들 때마다 바다는 고요하기 이를 데 없었고 나는 예정대로 섬을 떠나와야만 했다. 한 번쯤 짙은 해무 속에 길을 잃고 싶었으나 아직 그 작은 소망은 이루어진 적 없다.

사람이 그리울 땐 시골 장을 찾아 나섰다. 자꾸만 사라져 가는 우리네 정겨운 모습들이 그곳에 있었다. 나물을 다듬는 할머니의 흙 묻은 손과 얼굴에 번지는 함박웃음을 보면 내 카메라도 따라 웃었다. 대장장이 어르신의 **뺨**을 타고 흐르는 굵은 땀방울을 보며 카메라를 들이밀기가 미안해 돌아서 올 때도 있었다. 닷새 장에서 만난 동무와 막걸리 한 사발을 나눠 마시며 이야기꽃을 피우는 수염이 허연 할아버지의 표정은 아름다워서 눈물 났다.

오래 보아도 질리지 않는 따듯함이 그곳에 있었다.

꼽아 보면 여러 해 동안 맘에 드는 사진을 찍기 위해 길을 헤매고 다녔다. 일곱 번 색이 변한다고 이름 붙여진 서해 갯벌 칠면초가 내 맘 같아 보일 때도 있었고, 폐염전의 적막이 꽃보다 살가울 때도 있었다. 사진을 찍는 일은 여행을 통해 나를 돌아보는 과정이고, 그 속에서 지금의 나를 발견하기 위함이다. 동해의 일출을 찍기로 한 날, 잠을 아껴 먼 길을 달려가 손 시린 것도 잊고 셔터를 누른다. 어느새 훌쩍 철이 들어 기다림을 아는 내가 한껏 성숙해진 나를 만난다. 아무리 기다려도 원하는 오메가는 볼 수 없고, 여명만을 찍고 돌아서야 할 때 사진가가 개입할 수 없는 부분이 자연이라는 걸 또한 배우게 된다.

출사에서 돌아와 찍어 온 사진들을 모니터에 띄우면 상처를 지니고도 여전히 푸른 나무가 있고, 볼 때마다 다른 일출과 일몰의 장엄함이 있다. 그런 자연에게서 나는 생명력을 느끼고 기운을 얻는다. 그 속에 몰입하는 동안 내게서 시간은 멈춘다.

"사진은 영원한 시간의 풍경이기에 다만 한 컷을 노출할 때에도 그리움을 볼 줄 알아야 한다."던 어느 사진 평론가의 말을 떠올리며 나는 날마다 그리움이 가득 담긴 내 삶의 풍경화를 만나러 길을 나선다.

우물

머지않아 헐리게 될 옛집을 둘러본다. 이미 퇴락해버린 흔적이 노을빛에 적막하다. 한때 이 집은 한 가족의 단란함을 앞세운 탈곡기 소리로 분주했었고, 마당 한 귀퉁이에 자랑처럼 높이 솟은 볏짚단이 가장의 위상을 대변하기도 했었다. 하지만 아버지의 부재 이후 줄곧 비워 놓은 집은 급속히 허물어져 갔다. 지금은 뜰 한쪽에 무거운 뚜껑이 덮인 채 버려진 듯한 우물만이 그 깊이만큼 많은 이 집의 내력을 간직하고 있을 뿐이다.

우리 집과 덕산 어른댁, 그리고 양동 할머니댁은 어깨를 나란히 하고 막다른 골목을 함께 쓰고 살았다. 깊은 샘을 가진 우리 집과 얕은 샘을 가진 양동 할머니댁 사이에 덕산 어른댁이 있고 그 집만 우물이 없었다. 덕산 어른이 농사짓는 일 외에 평생을 두고 한 일은 샘을 파는 일이었다. 앞마당과 뒷마당 심지어는 부엌 안에까지 그 어른의 삽과 곡괭이가 지나지 않은 곳이 없었다. 팠다가 덮었던 곳을 또 파 보기를 수도 없이 했지만 희한하게도 그 집에선 물길을 찾을 수가 없었다. 덕산 어른이 병을 얻어 세상을 뜨시고 대를 이어 그 어른의 아들도 우물을 파기 시작했지만 허사로 그치고 말았다. 우물이 없는 그 집 아주머니는 날마다 양동 할머니네로 가서 먹을 물을 긷고 빨래를 했다.

 여름 한낮 들일을 나가셨던 아버지가 돌아오시면 어머니는 샘물을 퍼올려 아버지의 등목을 해 드렸다. "어, 차갑다." 하시면서도 연신 싱글거리시던 모습, 내가 끼얹은 물에 바지 뒤춤이 젖는다며 투덜대면서도 싫지 않아 하시던 몸짓을 아직 이 우물은 기억할 것이다. 텃밭의 상추를 뽑아 겉절이를 하고 시원한 샘물로 오이냉국을 만들어 점심상을 차려드리면 아버지는 우물 옆 평상에 앉아 특별할 것도 없는 그 음식을 드시곤 세상에 없는 행복한 표정을 지으셨다.

 어느 날 덕산 어른댁 아주머니가 우리 집 우물에 담가 두었던 수박을 꺼내러 오셨다가 아버지가 등목 하는 걸 보시고 흠칫 놀라던 표정이 지금도 역력하다. 한참 자라서야 나는 그 표정의 의미를 이해할 수 있었다. 덕산 어른이 왜 그토록 우물에 목말라했는지, 또한 양동 할머니댁에만 물을 길으러 가는 이유가 꼭 샘이 얕아 물을 긷기 쉬운 때문만은 아니라는 것도. 아버지의 나뭇짐에 얹혀온 참꽃이 투박한 항아리에 꽂혀 샘가에서 환하게 웃던 풍경을 기억한다. 낮은 울타리 너머로 저절로 눈에 띠었을 그런 정경은 일찍 남편을 잃은 아주머니의 마음에 외로움으로 쌓였을 지도 모르겠다.

여름이 깊어지면 우리 집 우물 위로 얼기설기 엮어놓은 쇠그물을 타고 포도 넝쿨이 뻗어나갔다. 어머니를 위한 속정 깊은 아버지의 배려일 터였지만 시원한 그늘 드리운 우물가에서 찬물에 발 담그고 앉아, 포도알이 여물어 가는 걸 보는 즐거움은 늘 내 차지였다. 밤사이 포도넝쿨 위를 지나던 강아지만 한 쥐 한 마리가 우물에 빠져 버린 날 아버지는 빌려온 양수기로 하루를 꼬박 샘을 펐다.

그날의 소동 이후 우리 집에도 펌프란 걸 들여오게 되었다. 팔 아프게 두레박을 끌어올려야 하는 수고를 들어줄 신식 설비가 갖추어진 것이다. 하지만 예쁘장하게 생긴 펌프는 미운 다섯 살 계집아이처럼 삐치길 잘해서 물을 긷고 돌아서면 금방 물이 나오지를 않았다. 그럴 땐 까무룩 삼켜버린 물 한 바가지를 부은 후 펌프질을 해야 했다. 이 마중물이 없어 우리 집에 우물을 두고 남의 집 물을 꾸러 가는 웃지 못할 일도 있었다. 힘이 달리는 어린 나는 펌프에 매달려 널을 뛰듯 물을 길었다. 그러면서 가끔씩 내가 마중물이 되어 기다리곤 했다. 이제는 물 긷기가 훨씬 수월해진 우리 집으로 덕산 어른댁 식구들이 오겠거니 하고……. 하지만 끝내 옆집 식구들은 우리 집으로 물을 길으러 오는 일이 없었다.

두레박에서 펌프로 한 단계 더 편리한 생활을 하게 되신 어머니는 우물 옆 빈터에다 꽃을 가꾸셨다. 목단과 덩굴장미, 달개비가 순서대로 피고 봉선화와 채송화도 흙담 아래 나직하게 제 모습을 드러냈다. 이남박에 쌀을 씻던 어머니는 그 물을 꽃들에게 부어주고는 지긋한 눈으로 바라보시곤 했다. 함지박만 한 목단 꽃잎에 얼굴을 묻었다가 노란 꽃술을 코끝에 묻힌 채 고개를 갸웃거리는 나를 보며, 그 꽃은 향기가 없다고 일러주시던 어머니는 영원히 늙지 않을 것처럼 젊고 예뻤다.

큰 가뭄이 들던 해에는 온 동네 사람들이 샘이 깊은 우리 집 우물물을 길어다 먹었다. 바닥이 보이도록 퍼내어도 이튿날 아침이 되면 맑은 물이 가득 고여 있곤 했는데 사람들은 고마운 우리 집 우물물이 달기도 하다며 입을 모았다. 사람 사이의 인정도 움켜쥐기보다 베풀수록 더욱 깊어짐을 말없는 우물이 우리에게 보여주려 했던 건 아니었을까.

몇 해 후 우리 마을에도 수도가 들어오면서 덕산 아주머니네의 물 걱정도 끝이 났다. 때맞춰 마을에 생겨나기 시작한 염색공장은 집집마다 거의 하나씩 있던 맑은 우물을 뿌옇게 오염시켰다. 우리는 어쩔 수 없이 소독약 냄새를 참아가며 수돗물을 식수로 써야 했다. 갑작스러운 변화에 적응 못한 나는 알레르기와 소화불량에 시달려야 했고, 집집마다 우물은 무거운 뚜껑이 덮인 채 제 할 일을 마감하여야 했다.

신령스러운 기운이 스며있다고 믿어 언제나 정갈하게 다루던 우물, 길한 날을 기다려 첫새벽에 길은 물로 장을 담그고 술을 빚던, 덕산 어른이 그토록 갖고 싶어 하셨던 우물이 이제는 우리들 기억 속에서나 존재하는 이름이 되어가고 있다. 더운 여름날 우리 부모님의 정을 더욱 돈독하게 해주었던 이 우물도 곧 사라지게 될 것이다. 동네 전체가 재개발이라는 명분에 밀려 본 모습을 잃어가더니 급기야 우리 집도 학교 부지로 내어 놓게 된 때문이다.

흙으로 입이 봉해져 흔적 없이 묻힐 우물을 내려다본다. 고른 돌로 테두리를 쌓아 올린 이끼 낀 우물 위로 꽃노을이 진다. 그 속에 바람 불어 비 오고 볕들고 달 기울던 많은 날을 백화등처럼 잔잔하게 꾸려가던 한 가족의 단란함이 빛이 바랜 채 펼쳐지고 있다. 두레박 끈을 길게 늘여 길은 물로 어머니가 진하게 타 주시던 미숫가루 한 그릇이 목마르게 그립다.

인고의 맛은 달다

　삼월에 먹는 음식 중에 '파강회'만큼 식욕을 돋우는 게 또 있을까. 겨우내 언 땅과 함께 제 몸도 얼었다가 설핏 따뜻한 기운이라도 비치면 녹기를 거듭한 움파의 맛은 달다. 날카로운 매운맛은 모두 버리고 순한 단맛만을 간직한 채 삼월이면 보드라운 새잎을 피운다. 파장다리가 올라오기 전의 움파를 캐서 더운물에 살짝 데치고 찬물에 헹군 후 깡총하게 돌돌 말아 초고추장에 찍어 먹으면 잃었던 입맛이 일시에 되살아난다.

　우리 지역의 곳곳을 찾아 그곳 촌로들의 삶을 전해주는 텔레비전 프로그램이 있다. 획일화된 표준말을 강요받는 방송이 아니라 어딜 가든 고향 사투리가 툭툭 튀어나와 눈길을 끈다. 머슴처럼 차려입은 투덕투덕한 얼굴의 사내와 때때옷을 입은 처자가 시골의 골목골목을 누비며 어르신들을 만나고 위무한다. 사내가 어깨에 두른 커다란 북을 '두둥' 소리 나게 울리면 처자는 구성진 트롯 가락을 뽑아낸다. 신명이 난 할아버지는 덩실거리며 어깨춤을 추고 수줍음 타는 할머니는 박수를 치며 뜨덤뜨덤 노랫가락을 따라 부른다.

앉은뱅이 의자에 쭈그려 앉은 더벅머리 사내가 노부부의 손을 다정히 쥐어주며 우리 땟말로 소곤거릴 때 나는 괜히 눈물이 흐르곤 한다.

"아버님예, 지금까지 사랑한다는 말 한 번 해 본 적 없으시지예? 우리 어무이한테 요래 두 손 꼭 잡고 사랑한다꼬 함해 보이소예."

부끄러워서 말로는 못한다고 우기던 어르신이 할머니의 눈을 바라보며 평생토록 하지 못한 그 말을 할 때 어느덧 할머니의 눈가에도 이슬이 맺힌다.

지난 시절, 할아버지가 할머니 애 먹인 이야기를 털어놓으라고 조르자 누가 먼저랄 것도 없이 주섬주섬 흘러간 일을 주워섬긴다. 인물이 잘 생겨서 여자 문제로 속을 섞였거나 힘든 농사일과 아이들을 부인에게 떠맡긴 채 떠돌았다는 이야기, 욱하는 성미에 밥상을 엎지르거나 술병을 끼고 살아 속을 태우고 병으로 쓰러져 아내를 고생시키기도 했다는 이야기들이다.

애꿎은 세월을 살면서도 묵묵하게 견딘 아내들, 그런 아내들 덕분에 자식 농사마저 온전하게 짓지 않았을까. 남편의 허물을 넓은 치마폭으로 감싸 안은 아내들이 장성한 자식들을 출가시키고 도타운 부부의 정을 나누며 살고 있었다. 여태껏 들어보지 못한 말, 고맙고, 미안하고, 사랑한다는 말을 들으며 수십 년 쌓인 서러움을 한꺼번에 풀어낸다.

달랑 부부가 살면서도 여러 대의 냉장고에 갖은 먹을거리들을 넣어 놓은 걸 보여줄 땐, 주고 또 주어도 더 줄게 없나 돌아보는 게 부모 마음인 걸 다시금 느낀다. 디딜방아에 손가락을 찧어 잘라내야 했던 할머니의 이야기를 들을 때는 오래도록 가슴이 먹먹했다. 어려운 살림에 칠 남매를 키우던 할머니는 수술을 하면 한 해 동안 일을 할 수 없지만 잘라내면 한 달만 쉬어도 된다기에 그리 했단다. 자식을 향한 부모의 마음이 어디까지인지 감히 헤아리기도 힘들다.

시골로 이사 온 후 조손가정을 자주 접한다. 부모가 헤어지는 바람에 할머니가 아이들을 돌보는 경우이다. 못 살고 갈라선 사정이야 내 알 바 아니나 그들 때문에 힘든 할머니와 아이가 눈에 밟혀 따뜻한 봄볕마저 시다. 내가 아는 아이 하나는 어릴 적 또래들에게 따돌림을 당한 적이 있다는 얘길 하며 귓불이 빨개진다. 일찍부터 허망함의 깊이를 알아버렸을 그 아이의 슬픔이 내게도 옮아와 갈비뼈 아래가 뻐근하다. 지금은 씩씩한 청소년이 되었지만 퍼렇게 멍든 아이를 지켜봐야 했을 그 아이의 할머니를 생각하면 나는 또 입맛이 씁쓰레하다.

　사람 사는 곳 어디에나 풍파는 있게 마련이라고들 한다. 하지만 영원히 바람이 멈추지 않거나 삼백예순다섯 날을 높은 파도가 치는 곳은 없다. 언제건 움파의 속처럼 봄물들 날은 돌아온다. 바람 불고 파도치는 날은 내 인생에 겨울이려니 생각하면 어떨까. 둘러보면 나보다 더 혹독한 겨울 가운데서 맨몸으로 떠는 이도 숱하게 많은 게 세상살이다.

　이른 봄의 파밭에서 삼동의 매운 기억을 버리고 달큼하게 기지개 켜는 움파를 본다. 질박하게 살아온 우리의 '어무이'들이 거기 서 계시는 듯하다.

강정판에서

 설을 보름여 앞둔 무렵이었다. 삭풍이 부는 들판 한 쪽에선 강정을 만드는 사람들로 부산했다. 언 몸을 녹이느라 피워놓은 장작불은 벌겋게 타오르고 뻥튀기 기계는 쉬지 않고 돌아갔다. 달콤한 물엿에 비벼지는 튀밥을 보고 있자니 도리깨침이 절로 넘어가는데 강정을 하기 위해 줄지어 선 사람들 가운데 어머니는 없었다. 지난 설에 집에서 강정을 만들다가 실패한 어머니는 올해는 여느 집처럼 삯을 주고 만들 거라고 하셨다. 우리 집 아랫목에선 강정에 쓰일 쌀이 보자기에 싸여 말라가고 있었다. 입이 궁금한 나는 날마다 어머니를 졸랐지만 쌀이 바싹 마르려면 아직 멀었다는 말만 되풀이 하셨다. 남들이 맛있는 강정을 해 가는 걸 물끄러미 구경만 하는 일은 몹시 서글펐다. 앞집 사내아이와

한 판 오지게 싸운 건 그놈의 강정 판에서였다. 며칠 전부터 나는 잔뜩 골이 나 있었다. 아무리 생각해도 쌀이 덜 말랐다는 말은 핑계인 것만 같았다. 어머니는 줄 설 걱정 없는 맨 꼴찌로 강정을 하러 갈 계산인 것이 분명했다. 가래떡을 빼러 갈 때도 그랬다. 동네 사람 모두가 떡을 하고 방앗간이 한산해진 다음에나 어머니는 쌀을 불리셨다. 그러니 아무리 목을 빼고 기다려도 이른 강정을 먹기는 그른 일이었다. 그런 참에 앞집 아이는 내 비위를 건드린 것이다. 어른들이 볼세라 강정 판과 조금 떨어진 곳을 택해 앞집 아이와 나는 멱살을 잡고 나뒹굴었다. 벼 밑동만 남은 논에는 군데군데 살얼음이 얼어 있어 금세 옷이 젖어 들었다. 여기저기에 발이 빠져 신발은 질척거렸다. 젖은 옷이며 신발 때문에 집에 돌아가면 꾸중들을 일이 태산인데도 싸움에 질 수는 없는 노릇이었다. 나는 앞집 아이보다 한 살이나 더 많았고 오빠들 사이에서 풀썩거리며 자란 탓에 싸움을 꽤나 잘했다. 동네 아이들이 우르르 싸움판을 에워쌌다. 나는 우쭐해져서 마지막으로 센 주먹 한 방을 날리고 끝을 내려는 참이었다. 그때 앞집 아이의 셋째형이 끼어들었다. 또래보다 작은 체구의 계집아이가 사내아이 둘을 한꺼번에 상대하기에는 힘에 부쳤다. 뒤죽박죽 엉키는 중에도 내가 밀리는 게 확연하게 느껴졌다. 이 대일로 싸우는 형편이 갈수록 억울해서 눈물이 나려던 참이었다. 누가 연통을 놓았는지 앉은뱅이 썰매를 타러 갔던 막내오빠가 달려왔다.

　싸움이라면 절대로 지지 않는 든든한 구원병이 나타난 것이다. 앞집 형제들의 얼굴은 형편없이 일그러졌고 전세는 당연히 우리 쪽으로 유리하게 흘렀다. 하지만 모든 싸움에는 변수란 게 있게 마련이다. 앞집에는 우리보다 형제가 많았다. 그들은 체구는 작아도 당글당글하니 야무졌다. 동네에선 거의가 벼농사를 지었지만 그 집만 유일하게 담배농사를 지었다. 먹어도 배불러오지 않는 담배농사는 희한하게도 손은 많이 가는 일이었다. 앞집 아들들은 다른 집 아이들보다 몇 배로 더 많은 일을 했다. 여름부터 가을까지 담배 잎을 따고 엮고 말리는 일을 형제가 함께 거들었다. 일이 고될수록 형제간의 끈끈한 정은 독한 담뱃진보다 더 짙게 뱄을 터였다. 거의 다 이긴 싸움이었다. 막판에 앞집 아이의 둘째형이 나타나지만 않았다면 말이다. 그들의 우애에 우리는 무릎을 꿇었다. 똘똘 뭉쳐 싸우는 삼형제 앞에 우리 남매는 기진맥진한 채 뻗고 말았다. 막내오빠보다 두 살이나 더 많은 앞집 아이의 둘째 형은 전세를 뒤집고 의기양양하게 그 자리를 빠져나갔다. 웅성거리며 구경하던 조무래기들도 하나 둘 흩어졌다. 나는 멀뚱한 표정으로 패잔병이 되어버린 오빠를 쳐다보았다. 불명예만 안겨준 것 같아 괜히 미안한 마음이 들었다. 강정판에서 울리는 '뼁' 소리가 그제야 귀에 들어왔다. 울컥 서러워져서 오빠도 팽개치고 집을 향해 마구 뛰었다. 내 꼴을 본 어머니는 걱정은커녕 도리어 꾸짖기만 하셨다. 어머니는 언제나 그러셨다. 아무리 덩치 큰 아이에게 맞고 울어도 나를 야단치셨다. 애들 싸움에 편을 들면 어른싸움으로 번지게 되고 이웃 간의 도타운 정도 사라진다는 게 한결같은 이유였다. 어머니는 아랫목에 놓아둔 쌀 보따리를 꺼내 드셨다. 알맞게 말랐으니 강정이나 해야겠다며 나서셨다. 달콤한 강정으로 나를 위로해주고 싶으신 게 분명했다. 갑자기 싸움에 진 억울함은 흔적도 없어지고 어머니를 기다리는 시간이 달달해졌다.

회색지대

　늦장마가 길게 이어진다. 그를 만나러 가는 마음은 비 맞지 않고도 흠뻑 젖는다. 이런 날은 차라리 장맛비가 고맙다. 병실에 들어서니 역한 냄새가 코를 찌른다. 그의 입과 코에 연결된 호스가 진원지다. 몸 안의 것들이 역류해서 나는 냄새는 곤욕스럽기 이를 데 없는데 무뎌지고 약해진 그는 모른다. 냄새는 대부분의 환자에게서도 난다. 그들이 사용하는 변기에도 냄새는 어김없이 배어있다.
　그가 있는 74병동은 호스피스 병동이다. 이승에서 마지막으로 머무는 곳, 저승의 문턱에서 순서를 기다리는 곳이다. 병실에는 머지않아 주소지가 다른 곳으로 호명되어 갈 사람들이 나란히 누워있다. 이들의 눈은 푹 꺼지고 광대뼈는 툭 튀어나왔다.

봉사자들이 온화한 표정을 하고 이들 앙상한 몸을 닦아줄 때조차 암울이라는 이름의 공기가 둥둥 떠다니는 게 보인다. 희망이 독살당한 공기는 칙칙하고 무겁다.

    그는 수시로 갈팡질팡한다. 살아나는 꿈을 꾸었다며 좋아하고 며칠 못 살고 죽을 거라며 절망한다. 일이 서툰 간호사는 거죽만 남은 그의 팔에 자꾸만 주삿바늘을 찔러댄다. 그럴 때마다 몸은 즉각 반응하지만 정작 본인은 통증조차 느끼지 못한다. 그의 눈빛은 멍하고 툭하면 눈물을 보인다. 어쩌다 두 눈이 반짝일 때도 있다. 그런 날은 휠체어에 앉아 바깥세상을 넘겨다보며 살아보겠다는 의지를 다지기도 한다.

    여기저기서 앓는 소리가 새어 나온다. 그럴 때마다 간호사가 진통제를 놓고 간다. 그네들이 할 수 있는 최선이다. 병동에 온 첫날 맡았던 역한 냄새는 끊이지 않고 난다. 그 속에서도 보호자들은 때가 되면 꼬박꼬박 밥을 먹는다. 밤 사이 환자 하나가 죽어 나간 아침에도 그들은 끼니를 거르지 않았다. 습관이 아무리 끔찍한 일도 무뎌지게 하는 마법을 지녔는지, 체념이 사람을 살아가게 만드는 힘을 가졌는지 알 수 없다.

    비는 며칠째 그악스럽게 내린다. 병실 창밖으로 눈을 던져 사선으로 퍼붓는 빗줄기를 본다. 맞은편 학교 담벼락을 기어오르는 담쟁이가 짚은 손을 놓치진 않을까 염려스럽다. 수확을 앞둔 우리 과수원에 저절로 마음이 가닿는다. 토실하게 살 오른 열매들이 저 작달비 받아낼 생각을 하니 내 몸에 푸른 멍 자국이 날 것 같다. 중병 앓는 사람을 앞에 두고 산 사람은 살아갈 걱정을 하는구나 싶어 나는 피식 웃고 만다.

건너편 침대의 남자가 우악스레 비명을 지르더니 언제 그랬냐는 듯 조용하다. 지쳐 잠든 그의 아내는 간헐적으로 내뱉는 앓는 소리를 듣고 남편의 존재를 확인한다. 맞은편 침대의 영감님 보호자는 허리가 꺾어진 할머니다. 영감님은 알약을 삼킬 수 없는 지경이어서 고통을 잠시 멎게 하는 건 주사뿐이다. 할머니의 긴 한숨이 영감님의 임종을 서둘 수 없어 안타까워하는 듯 보인다. 날마다 머리맡을 지키러 오던 자식들도 지쳤는지 며칠 뜸하다.

꽹이잠에 든 그가 옆 침대에서 들리는 자잘한 소리에 눈을 뜬다. 혈액암에 걸린 젊은 남편을 눕혀 놓고도 힘든 기색 없는 여자다. 끼니때마다 팩에 든 밥과 대여섯 가지의 반찬을 냉장고에서 꺼내 가지런히 펼쳐놓고 레인지에 국을 덥힌다. 태연히 식사를 하고 당연한 순서라는 듯 인스턴트커피를 마신다. 나와 눈이 마주친 여자가 내게도 권한다. 그는 여자가 준 커피를 마시면 당장 암이라도 걸릴 것처럼 호들갑을 떤다. 화석처럼 굳어갈 그가 모기만 한 소리로 해롭다는 말을 내뱉는다. 나는 그의 당부를 웃어넘긴다. 그의 눈은 잠시 흔들리다 이내 가라앉는다.

그의 배는 가스가 차서 불룩하고 단단하다. 마른 어깨며 팔과 다리, 앙상한 얼굴과 대조를 이룬다. 그의 몸을 너무 세지도 약하지도 않게 적당히 만지고 등을 토닥인다. 마음을 모아 팔과 다리를 쓸어내린다. 속에 든 암덩어리들이 손끝과 발끝으로 **빠져** 나갔으면 싶어서다. 암은 어쩌면 앎의 또 다른 이름이 아닐까. 암은 사람의 몸을 속속들이 파악하고 야금야금 갉아먹는 못된 녀석이다. 녀석의 식탐이 늘어날수록 녀석을 품은 사람은 점점 식욕을 잃는다. 기운 없는 중에도 그는 내가 힘들다며 그만하라고 채근한다.

병실은 우기의 천막 안처럼 우중충하고 눅눅하다. 간호사들이 와서 피를 뽑아가겠다고 하자 침대마다 일제히 손을 내젓는다. 드라큘라의 이빨을 목격한 사람들처럼 온몸으로 거부한다. 옆 침대의 남자는 실험용 쥐가 되기 싫다며 웅얼거린다. 오줌 색깔이 붉고, 밥차가 오지 않으며, 주렁주렁 달고 있는 링거줄이 많은 74 병동 사람들이 하나같이 피 뽑는 것도 싫어한다. 무언가를 강력하게 거부할 수 있는 힘은 삶에 대한 체념일까, 기대일까 문득 궁금하다.

지난겨울, 마당 한쪽에 있던 인동은 저를 담은 화분이 얼어 터져도 용케 살아남았다. 그도 그렇게 견뎌주었으면 하고 틈날 때마다 기도했다. 하지만 이곳에 누워있는 이들은 다시는 집으로 돌아가지 못한다는 걸 안다. 그들의 몸이 최대한 가벼워지면 다음으로 갈 곳은 1층 장례식장이다. 단지 조금 **빠르거나 느릴 뿐**이다. 저승 문 앞에서 일곱 번이나 돌아섰다던 맞은편 침대의 영감님도 결국은 축축한 슬픔의 뒤뜰로 떠났다. 생은 시작과 끝이 같은 것인지 영감님이 마지막으로 남긴 건 배내똥이었다.

  이 회색지대에서 저들을 견디게 하는 건 분명 생에 대한 애착이다. 버리고 갈 수 없는 무언가가 있기 때문이다. 끝났다가 다시 시작된 장마처럼 이들의 삶도 새롭게 이어졌으면 좋겠다. 안간힘을 쓰는 장마전선도 머지않아 소멸할 것임을 알지만 현재는 언제나 눈 뜬 자의 몫이다. 호스피스 병동에도 사람이 산다.

제5부

주산지의 노래

호수를 향해 가는 내내 사과꽃 물결이 나부낍니다. 이곳 역시 사과 주산지로 알려진 곳이지요. 올해부턴 행정구역명도 개칭을 했습니다. 지금껏 불려오던 부동면 이전리란 이름을 지우고 주왕산면 주산지리가 되었습니다. 이젠 주산지란 이름을 들으면 이곳 사과가 떠오를 것도 같습니다. 세계적인 수리 명소의 물을 먹고 자란 사과는 좀 더 달콤할 것 같다는 생각이 듭니다. 사과를 파는 노점을 지날 땐 내 집의 사과를 두고 이곳 사과 맛을 보고 싶은 유혹에 가끔 시달립니다. -「주산지의 노래」

달의 내력

주산지의 노래

병암화강암단애 혹은 범덤에서 호랑이를 추억함

송강습곡 오래된 주름

수락리 주상절리 잘 생긴 돌기둥

신성계곡 물길따라

절골, 그 깊고 아득한

청송에서 띄우는 편지

달의 내력

칡꽃향이 감미로운 저녁이다. 수시로 걷어내도 쉼 없이 줄기를 뻗어 꽃을 피우는 칡을 보면 집중하는 삶이 보인다. 내게도 칡꽃처럼 끈질기게 피우고 싶은 꿈이 있었다. 꽃향기 핑계 삼아 달마중을 한다. 뒷동산을 힘겹게 넘어온 달이 만월이다. 지구별 사람들의 꿈 저장소엔 어릴 적 묻어두고 꺼내지 못한 내 것도 있다. 어디쯤에 숨었는지 있는 힘껏 팔을 뻗어도 닿지 않는다. 내일은 가까운 월막에 가야겠다.

월막은 청송의 중심에 자리한 동네다. 달의 장막을 치고 그 안에 사람들이 산다. 평범한 사람들이 달을 보고 꿈을 꾼다면 달 속에 사는 사람들은 이미 꿈을 이루지 않았을까. 꿈을 이룬 이는 누군가의 꿈이 된다고 했다. 월막 사람들을 만나면 나는 어떤 꿈을 꾸게 될까. 아침 해를 데리고 청송 가운데 날마다 뜨는 달을 만나러 간다.

하느님과 통화하려면 전화기가 필요치 않듯 달의 장막 안으로 가려면 우주선이 소용없다. 바퀴 달린 자동차로도 충분하다. 내가 사는 둥지에서 월막까지는 재를 넘어가야 한다. 범이 나오는 골이어서 세 사람이 모여야 넘었다는 험한 고개는 옛말이다. 열병식을 하듯 늘어선 적송과 곡선이 주는 여유 덕분에 바이크족들의 성지로 탈바꿈한 지 오래다. 나라 안을 통틀어 산소농도가 가장 높은 곳으로도 알려져 있다. 이 고개를 오를 때면 산소 카페 청송의 공기가 깡통 속으로 들어가 도시로 팔려나가는 상상을 하곤 한다.

길게 펼쳐진 들을 지나 월막 초입에 들어선다. 노거수를 거느린 맑은 개천이 사람보다 먼저 객을 맞는다. 안기고 싶은 너른 품이 달에 착륙한 듯 포근하다. 옛 아낙이 새벽 빨래를 나왔다가 용을 보았다는 곳이다. 승천하는 용을 보고 소리를 지르는 통에 용은 떨어져 바위가 되고, 용이 흘린 눈물은 용전천을 이루었단다. 천년을 공들인 미물의 꿈은 물거품이 되었으나 개천은 용을 닮은 바위와 함께 이름을 얻었다. 달 장막을 덮고 살던 이들도 용의 이름을 빌려 품고 싶은 소망이 있었던 모양이다.

용전천은 월막 사람들의 여름 물놀이장이었다. 용의 눈물로 수영을 즐기는 사람들 몸 어딘가엔 번쩍이는 은비늘로 덮여있을

지 모른다. 이들이 자주 찾는다는 주왕산 온천엘 따라 들어가 슬쩍 확인해 봐야겠다. 잘못하여 턱 아래 숨겨둔 역린이라도 건드리면 큰일이다. 묘책도 없이 왔으니 은비늘은 못 보더라도 매끄럽기로 소문난 온천물에 몸부터 담가 봐야겠다. 겉모양이나마 달 속에 사는 이들을 닮았으면 싶다.

용의 형상을 한 바위는 현비암이다. 어진 왕비를 낳은 바위란 뜻이다. 현비암 너머 덕천이 세종 임금의 비를 지낸 소헌왕후의 관향이기 때문이다. 용전천에 걸어둔 월막 사람들의 소망이 왕후의 가문을 탄생시키지 않았을까. 용전천 가에 그녀의 여덟 왕자들이 지었다는 찬경루는 수려해서 나라의 보물로 지정되었다. 현비암 위에는 찬경루와 견주어 소박하기 이를 데 없는 성황당이 자리해 있다. 승천하던 용이 떨어진 후 마을에 흉년이 거듭되자 재를 지내던 곳이란다. 달의 장막 안에 살던 이들에게도 기대고 싶고 이루고 싶은 간절함이 있었다는 걸 말해주는 분명한 표식이다.

용의 흔적이 어린 현비암 폭포를 올려다본다. 계수나무와 방아 찧는 토끼가 없을 뿐, 달에나 있을 법한 선경이다. 물줄기를 거슬러 용이 승천하는 광경을 그려본다. 용전천을 다 덮고도 남을 넓은 휘장이 필요하겠다. 그런 휘장 하나쯤 마련해 놓고 승천을 준비하는 용이나 기다려볼까. 달에게 비손하는 것보다 용의 등에 올라타는 편이 빠르지 않을까. 게으른 상상에 빠진 내게 월막 사람 하나가 넌지시 다가와 귀띔한다. 일몰녘에 바라보는 현비암 폭포야말로 비경 중에 비경이란다. 달로 휘장을 덮은 이곳에도 해가 진다는 사실이 동화처럼 들린다.

월막 사람들이 산책을 즐긴다. 달의 장막 주변에서는 사과 익어가는 소리 들리는데 바쁠 일 없다는 듯 느릿느릿 걷는 폼이 편안하다. 달빛에 그을렸는지 살결마저 매력적이다. 맑은 물에 비친 그들 몸짓에선 달콤한 사과향이 날 것 같다. 천변에 흩뿌려진 그들만의 여유가 눈부시다. 몸 안에 신전을 모신 사람들처럼 누구도 흉내 낼 수 없는 고고함이 묻어난다. 지금껏 가속이 붙어 버거운 현실을 사는 칡 닮은 이들만 본 탓일까. 꿈꾸지 않고도 살 수 있는 곳이 있다면 여기인가 보다. 나는 따로 달구경을 가야 할 이유 알지 못한다.

달의 장막을 보았으니 이어져 있는 달기 계곡을 보러 간다. 달의 장막 한쪽을 솥뚜껑처럼 싸고 있는 부곡 사람들은 달의 안도 바깥도 아닌 중간에서 약수에 기대 산다. 몸에 이로운 약수의 맛이 얼마나 향기로우면 달기라는 이름을 얻었을까. 계곡을 찾는 여행객들은 달기약수에 푹 고운 백숙으로 지친 심신을 다독인다. 톡 쏘는 약수로 지은 밥은 파르스름한 달빛을 닮았단다. 부곡이 달의 장막 곁에 엎드린 까닭을 알겠다.

약수탕으로 이름난 달기 마을에 왔으니 백숙을 안 먹고 지나칠 순 없다. 중탕에 들어 달기 백숙이 삶아지는 동안 황기엿을 입에 물고 약수를 들이켠다. 특유의 철분맛을 달달한 약엿이 감해준다. 달의 장막과 솥뚜껑 계곡처럼 딱 맞는 궁합이다. 위장병에 효험 본 이가 많아서일까 평일인데도 식당 여기저기 외지인들의 발길이 잦다. 압력솥 뚜껑에 김 빠지는 소리 요란하더니 잘 익은 백숙에 갖가지 장아찌가 푸짐하게 차려졌다. 달의 장막 속을 다녀온 장거리 여행자답게 식욕이 물밀 듯 밀려온다.

달처럼 부푼 배를 안고 달의 바깥으로 간다. 부곡과 맞닿은 월외엔 사과 농사를 짓고 잎담배를 따는 사람들이 산다. 백악기 시간의 흔적을 오롯이 간직한 월외계곡은 그들이 소풍삼아 드나들던 길이었다. 비췻빛 물이 흐르는 골짜기는 아껴두고 보고 싶은 그들만의 낙원이라 했다. 명주실 한 타래를 다 풀어 넣어도 바닥이 닿지 않았다는 월외폭포는 용이 하늘로 올랐다 하여 용소라는 별칭으로 불렀다. 달의 장막 안에서 이루지 못한 일을 달의 바깥에서 이루었으니 아마도 이곳 사람들은 더 이상 꿈꿀 일이 없을 것 같다. 오늘은 달의 바깥 계곡 어디쯤에서 청아한 물소리 들으며 달뜨는 구경이나 해야겠다. 어릴 적 꿈같은 건 잠시 접어두고.

주산지의 노래
— 청송 '세계지질공원 훑어보기' · 1

사과꽃 피는 계절입니다. 집앞 너른 들에 붉고 흰 꽃을 매단 사과나무가 그저 보기 미안하도록 눈부신 풍경을 펼쳐놓습니다. 애써 가꾼 적 없는 이맘때 저만의 정원입니다. 수분수 역할을 하는 꽃사과 나무는 큰 키에 붉은 꽃을 뭉텅이로 매달았습니다. 열매를 맺어야 할 나무는 가지마다 하얀 꽃을 두르고 고만고만한 키로 섰습니다. 바람이 불면 색깔이 다른 꽃술의 합방을 위해 나무는 또 얼마나 분주할까요. 아름다운 풍경을 공으로 보는 저는 수고로운 나무의 마음을 헤아려 보는 것으로 그 값을 대신합니다.

만개한 꽃이 열매 맺을 준비를 하는 동안 환대받는 바람에 비해 비는 반갑지 않은 손님입니다. 나무가 맘껏 목을 축일 여유는 열매를 위한 준비가 끝이 나야 비로소 주어집니다. 요즘은 비가 내리지 않아도 지하 관정에서 연결된 숨은 수로를 통해 나무는 원 없이 뿌리를 적십니다. 너른 들 어디를 다녀도 예전과 같은 개방된 수로는 눈에 잘 띄지 않습니다. 저는 오늘 청송 유네스코 세계지질공원 수리 명소에 이름을 올린 인공호수, 주산지를 보러 갑니다. 하늘만 바라고 농사를 짓던 시절, 물을 가두기 위해 만들었던 곳입니다. 이 무렵의 주산지는 물거울에 비친 연두의 향연이 시리게 아름답습니다.

  호수를 향해 가는 내내 사과꽃 물결이 나부낍니다. 이곳 역시 사과 주산지로 알려진 곳이지요. 올해부턴 행정구역명도 개칭을 했습니다. 지금껏 불려오던 부동면 이전리란 이름을 지우고 주왕산면 주산지리가 되었습니다. 이젠 주산지란 이름을 들으면 이곳 사과가 떠오를 것도 같습니다. 세계적인 수리 명소의 물을 먹고 자란 사과는 좀 더 달콤할 것 같다는 생각이 듭니다. 사과를 파는 노점을 지날 땐 내 집의 사과를 두고 이곳 사과 맛을 보고 싶은 유혹에 가끔 시달립니다.

  주산지 주차장에 다다르니 꽃마차를 매단 커다란 당나귀와 앙증맞은 크기의 말이 손님을 기다립니다. 상식을 뒤집는 당나귀와 말의 몸체가 이채롭습니다. 어느 주말 의병공원이 있는 꽃밭 등 길에서 화려한 옷으로 치장한 두 마리 짐승을 실은 트럭을 본 적이 있습니다. 막 주산지 쪽으로 방향을 트는 중이었습니다. 멋스러운 모자가 어울리는 주인장은 탐방객이 줄을 잇는 주산지 왕버들길에 나귀와 말을 데리고 출근을 한 모양입니다. 자신이 보듬고 아끼는 동물을 남에게 선보이려는 사람의 자부심이 느껴집니다. 하지만 저는 특별한 체험거리를 앞에 두고도 괜스레 짧은 다리를 가진 말이 가련해 보입니다.

  저수지로 가기 위해 평평한 흙길을 걷습니다. 사람의 발길이 잦은 탓인지 반질반질 윤기가 나는 하얀 길입니다. 잠시 맨발로 걷고 싶은 충동을 느낍니다. 물안개 잦은 계절이 아니어서 느긋하게 나선 걸음입니다. 시간을 다투지 않으니 저수지를 향해 가는 발걸음도 여유롭습니다. 주변 숲에도 눈길을 보냅니다. 몽밀한 연초록향이 마음을 적십니다. 숲길을 벗어나니 기다렸다는 듯 쏟아지는 빛에 눈이 부십니다. 챙 넓은 모자를 눌러쓴 채 온 몸 가득 감미로운 빛의 세례를 즐깁니다. 이내 산속에 폭 싸인 신비로운 호수가 제 모습을 드러냅니다.

  주산지는 돌그릇에 담긴 호수입니다. 주왕산 자락에 매달린 별바위가 호수를 낳을 때부터 호수 아래엔 압력솥 바닥 같은 삼중구조의 돌그릇이 있었습니다. 뜨거운 화산재가 엉겨 붙어 만들어진 용결응회암은 치밀하고 단단해서 맨 아래에 자리를 잡고 그 위층엔 조금의 틈을 두고 비용결응회암이 누워있었습니다. 또다시 그 위로 퇴적암이 놓여있어 호수는 스펀지처럼 물을 품었습니다. 아무리 가물어도 바닥에 머금었던 물을 조금씩 흘려보냈으므로 지금껏 한 번도 물이 마른 적 없었습니다. 산 위에 우뚝 선 별바위도 제가 낳은 신비로운 호수를 날마다 흠모하듯 내려다보지 않을까 싶습니다.

주산지의 기원은 별바위입니다. 혹여 참말로 바위가 호수를 낳았다고 믿는 건 아니겠지요. 산 아래 마을 사람들은 별바위에서 흘러내린 물을 가두고 둑을 쌓았습니다. 조선조 경종 임금 때 일이라니 벌써 삼백 년 전입니다. 호수 초입에는 저수지를 만드는데 공을 쌓은 이들을 기리는 비가 있습니다. 만인에게 혜택을 베푸니 그 뜻을 오래도록 기리기 위해 한 조각의 돌을 세운다고 새겨져 있습니다. 소박한 비석에 담긴 뜻이 고와서 저는 그 앞에 한참을 머무릅니다. 비석 주변으로는 금줄이 쳐져 있어 매년 주민들이 모여 기원제를 지내겠거니 짐작해 봅니다.

천천히 제방을 걷습니다. 멀리 우뚝 솟은 별바위가 마주 보이고 아늑한 호수를 한눈에 조망하기 좋은 곳입니다. 왕버들과 하늘과 산을 품은 호수가 참으로 편안해 보입니다. 자기를 보낸 별바위를 향해 순하게 엎드린 듯도 합니다. 이즈음 저는 마음 안에 청하지 않은 소리통 하나 들어있어 한시도 고요할 수 없었습니다. 둑에 서서 호수를 그윽이 바라보는 동안 시나브로 소란은 사라지고 평온이 스며듭니다. 그런 잠시 지나던 바람이 물비늘을 일으킵니다. 물에 빠진 산이며 나무며 하늘은 자취를 감춥니다. 마법 같은 풍경입니다.

물안개 핀 주산지를 떠올립니다. 자연의 법칙에는 동정심이 없다는 말을 들은 적이 있습니다. 어둑새벽부터 제 덩치만 한 카메라를 챙겨 주산지를 향해 달려 본 사람들은 압니다. 절경은 쉽게 볼 수 있는 건 아니라는 걸 말입니다. 호수를 가득 채운 물안개는 놓치기 십상이어서 저도 몇 번의 시도 끝에 겨우 만날 수 있었습니다. 우리 인생에서도 간절히 원하는 건 늘 쉬이 가지기 어려웠습니다. 물안개를 보려고 바삐 뛰느라 주산지 왕버들길에 핀 들꽃이나 수려한 나무들을 그냥 지나치는 일은 행운을 만나기 위해 행복을 버리는 것 같아 안타까운 마음이 들곤 했습니다.

저보다 먼저 다녀간 글 선배는 주산지의 물안개 핀 모습을 두고 "막 비등점에 다다른 끓는 솥마냥 제 속의 열을 주체하지 못하는 듯하다."고 했더군요. 얼마나 절묘한 표현인지요. 딱 그 모습 그대로였습니다. 쉼 없이 피어오르는 물안개를 보고 있자니 누군가 수면 아래서 불이라도 지펴놓은 것 같았습니다. 분명 바닥에 엎드린 돌그릇은 오래전 끓었다 식어버린 용암이란 걸 알면서도 말이지요. 어떻든 물안개가 호수 위를 나다니는 풍경은 오래 만지고 쓰다듬고 싶은 비경이었습니다.

주산지 주변을 거닐며 버드나무의 왕이라 불리는 왕버들을 만납니다. 백 년 넘게 멱을 감느라 호수 밖으로 나온 적 없는 경이로운 나무입니다. 맑게 씻긴 오래 묵은 나무가 여기저기 상처를 품었습니다. 부러진 둥치며 뒤틀린 몸통이 보는 이를 아프게 합니다. 고르게 퍼진 햇살이 연초록 이파리를 매단 늙은 나무를 매만집니다. 햇살 옷을 걸치고 물거울에 비친 제 모습을 빗질하는 왕버들은 여전히 푸르고 어여쁩니다. 다가가 등이라도 가만히 쓸어주고 싶습니다.

늙은 왕버들이야 발등이 부르트든 말든 그로 인해 주산지는 빛이 납니다. 품어주고 지탱해주는 땅을 버리고 물을 택한 왕버들로 인해 손꼽히는 '아름다운 하천'이라는 이름도 얻었습니다. 움켜쥘 수 있는 의지처를 버리고 물속에 **빠져** 사는 왕버들을 보며 사람들은 하나같이 절경이라 입을 모읍니다. 쓰러져가는 둥치에 어린 새잎을 피워 올리는 나무를 배경으로 추억을 남기느라 여념이 없습니다. 순서를 기다려 지키고 선 긴 줄이 끝날 줄을 모릅니다.

참선하듯 몸 담근 늙은 나무에게 나는 불현듯 수다를 떨고 싶어집니다. 사무치도록 물이 좋아도 이제 그만 물 밖으로 나와야 한다고 말해주고 싶습니다. 그래야 살 수 있다고 나무의 몸통에 대고 고함이라도 지르고 싶습니다. 이미 속은 다 곪았을지 모른다 생각하니 자꾸만 측은해 보입니다. 물에선 숨 쉴 수 없는 왕버들이 아직 죽지 않고 살아있는 까닭이 궁금해서 사람들은 꾸역꾸역 몰려드는 걸까요? 저는 왜 제가 이곳 주산지에 **빠졌는지** 알 수 없습니다. 심장이 떨리기 전에 눈이 우선 홀리고 말았으니까요.

누가 가르쳐주지 않아도 왕버들은 물속에서 살아가는 법을 익혔습니다. 발아래 실처럼 가는 호흡근을 **빽빽**하게 키웠습니다. 그 실타래의 부피를 자꾸만 부풀려 수면 가까이로 올려 보냈습니다. 물속에서도 튼튼하게 뿌리 내리고 살고 싶은 절절함이 주산지 왕버들을 지탱하게 했습니다. 사지에서 살아낸 나무 덕분에 우리는 마음의 쉼터로 삼을 고운 풍경 하나를 가지게 되었습니다. 물을 애착하는 나무에게 자꾸만 마음이 기웁니다.

너무 자주는 말고 가끔씩 왕버들의 안부가 궁금하다는 핑계를 대며 다니러 오면 좋겠습니다. 어지간한 이야기는 다 들어줄 것 같은 품 넓은 나무 하나 친구로 둔다는 건 마음 든든한 일입니다. 호수와 나무가 한 몸인 듯 끌어안고 주고받는 그들만의 언어를 슬쩍 훔쳐보는 일도 은밀한 즐거움일 것 같습니다. 사과꽃 향기 날리는 날 주산지가 풀어내는 연초록 세상을 만나러 모른 척 걸음 하는 것도 좋겠습니다. 산과 하늘과 나무와 바람 소릴 담아 갈 넉넉한 마음 보따리 하나 챙겨 가지고서 말입니다.

주산지를 조망하고 돌아 서는 길, 문득 내 마음에도 바닥이 든든한 호수 하나 통째로 들이고 싶다는 생각을 합니다. 어떠한 해작질에도 마르지 않는 속 깊은 호수 하나 마음 안에 살고 있었으면 합니다. 그 속에 스스로 숨 쉬는 뿌리 튼튼한 나무 몇 그루 심고 싶습니다. 사계절 푸른 호수와 시들지 않는 나무가 마음 안에 살고 있었으면 합니다. 그런 마음을 가질 수 있다면 악다구니 같은 세상에 부대껴도 지치지 않을 것 같습니다. 우선 마음 호수에 물을 길어줄 별바위 닮은 사람 하나 곁에 두어야 하겠습니다.

병암화강암단애 혹은 법덤에서 호랑이를 추억함

— 청송 '세계지질공원 훑어보기' · 2

삼자현재를 넘는다. 운전대를 잡은 손에 힘이 들어간다. 잠시 긴장을 늦추고 주변을 둘러본다. 그야말로 장관이다. 연초록빛을 머금은 나무들이 열병식을 하는 너머로 높낮이가 다른 산이 끝도 없이 포개져 있다. 이제 곧 터널 공사가 시작될 예정이어서 험난한 이 재도 사람들 기억 속에서 잊혀갈 것이다. 차가 다니기 전 이곳은 산적뿐 아니라 위험한 짐승들이 자주 출몰하던 곳이란다. 그런 연유로 사람들은 꼭 셋 이상이 모여야 재를 넘었단다.

첩첩산중 험난한 고개를 넘으며 만났을 짐승 중엔 굶주린 호랑이도 있지 않았을까. 요즘에도 이 곳 산골엔 닭을 노리는 삵이 대낮에도 나타나곤 한다. 허술하게 닭장을 지었다간 밤사이 깃털만 남기고 흔적도 없이 사라져버리는 게 다반사다. 담비도 적잖이 눈에 띄는 곳이다. 그러니 먼 옛날 이 골짜기에 호랑이가 흔했던 건 당연한 일이었을 게다. 산중에서 들리던 호랑이 울음소리는 길 가던 나그네의 간담을 얼마나 서늘하게 했을까. 떠올리기만 해도 아찔한데 나는 지금 그런 호랑이의 흔적을 만나러 가는 길이다.

삼자현재를 지나 오른쪽으로 꺾어 들면 부남면이다. 지금은 폐교가 된 대전초등학교에서 시무나무 숲이 우거진 나실마을 초입을 지나고 오르막길 양쪽에 커다랗고 네모난 돌이 버티고선 홍원리 지석묘를 지난다. 부남초등학교를 거쳐 제일상회 삼거리에서 얼음골 방향으로 가다 보면 눈앞에 병풍처럼 생긴 바위 벼랑이 펼쳐진다. 구천리 '병암화강암단애'다. 부남 사람들에게 '병암'을 아느냐고 물어보면 열에 아홉은 그게 무어냐고 반문한다. '범덤'이라고 고쳐 물어야 반색을 하고 아는 척을 한다. 이곳 사람들에게 병암은 병풍바위가 아니라 범이 떨어져 죽은 바위, 범바위다.

범을 신성시하는 관습 때문일까. 범덤을 낀 숲을 사람들은 굳이 '범덤숲'이라 부른다. 아름드리나무가 빽빽이 들어찬 숲은 가족 나들이를 하기에 좋은 곳이다. 예부터 이곳은 마을 사람들의 휴식처였다. 누가 먼저랄 것도 없이 이 숲을 좋아해서 특히 여름은 마을 사람들의 발길이 끊이지 않았다. 숲을 낀 천변에 솥을 내걸고 천렵을 하며 화합을 다졌다. 아낙들은 범덤숲 개울에 놓인 징검돌에 앉아 빨래를 했다.

그네들이 숲에 들어서 바라본 건 숲 너머에 있는 웅장한 범덤이었다. 마을을 지키듯 버티고 선 검붉은 병풍바위는 언제쯤 생겨났는지 모르지만 늘 그 자리에 있어왔다. 범덤숲이 그랬던 것처럼. 집집마다 호랑이 그림을 걸어두고 집안의 안녕을 빌 듯 부남 사람들은 어쩌면 숲 저쪽에 있는 범덤을 생각하며 가족의 안녕을 소원했는지 모른다.

범덤 앞으로 사과꽃 만발한 과수원이 펼쳐져 있다. 주변을 둘러보니 온통 사과밭이다. 초록의 이파리에 하얀 꽃이 내려앉아 범을 생각하느라 긴장된 머릿속이 말랑해진다. 유네스코에 등재된 세계지질공원을 축복처럼 눈앞에 두고 주차할 곳을 찾느라 잠시 망설인다. 과수원 사이 농로에 차를 세우고 범덤을 올려다본다. 아득하다. 미리 찾아본 자료에는 범덤의 최고 높이는 백사십 미터라고 나와 있었다. 어릴 적 운동회 날 백 미터 달리기를 해본 사람들은 안다. 도착지점이 얼마나 멀었는지. 그보다 더 먼 거리를 똑바로 세워놓은 바위 벼랑을 바라보자니 현기증이 인다.

지금은 베어지고 개간되어 한 귀퉁이 범덤숲이란 이름으로 남았지만 오랜 옛날 범덤 주변은 울창한 숲이었다. 숲 안에 깊은 골짜기는 '범골'로 불리었다니 범이 활개를 치고 다녔음이 분명하다. 빽빽한 숲으로 둘러싸인 이곳은 호랑이들의 은신처로 안성맞춤이었을 성싶다. 그들은 하늘과 맞닿은 듯한 병암의 이 끝과 저 끝을 수시로 넘나들었으리라. 먹이를 찾아 뜀박질을 하고 마음에 맞는 짝을 놓고 실랑이를 하는 동안 호랑이의 울음소리는 숲을 울리고 마을까지 내려갔을 테지. 깜깜한 밤중에 들리는 그 소리는 마을 사람들로 하여금 범덤을 범접 못할 신성한 곳으로 여기게 만들었을지도 모른다.

둑에 올라서서 달풀 우거진 여울을 내려다본다. 찰랑거리며 흐르는 물소리 귀에 감긴다. 벼랑 아래 맑은 여울은 범의 놀이터로 쓰였을 게 분명하다. 물을 좋아하는 호랑이는 배가 부르면 제 처자식을 데리고 이 여울에서 헤엄을 치며 놀았을 게다. 더운 걸 못 견디는 호랑이가 여름 한철 이 여울 속에 빠져 노는 상상을 해본다. 정겹기 그지없다. 오늘처럼 빛이 좋은 날, 물가로 소풍을 나온 호랑이 가족은 또 얼마나 사랑스러운 풍경인가. 그들을 지긋한 눈으로 지켜보았을 병암을 살펴보니 희한하게도 호랑이 등가죽 빛깔을 닮았다.

몇 해 전까지만 해도 병암 앞 천변은 초등학교 아이들의 단골 소풍 장소였다. 너른 자갈밭에서 아이들은 둥글게 모여 앉아 수건돌리기를 하며 놀았고, 자갈돌이며 덤불숲을 뒤지며 보물찾기를 했다. 장기자랑을 하느라 목청껏 노래도 불렀다. 물가에 앉아 딸랑 단무지만 들어간 김밥을 먹고 말표 사이다를 마셨던 아이들은 지금은 일선에서 퇴직을 한 노년이 되었다. 그들은 웅장한 범덤을 보며 원대한 꿈을 키웠다. 자라서 도시에 있는 학교로 갔고, 산업역군이 되어 나라의 부강을 위해 한 시절을 보냈다. 이제 다시 돌아와 범덤을 바라보며 옛 시절을 추억한다. 범덤숲에 모여 막걸리잔을 기울인다. 범덤이 있어 그들은 꿈을 꾸었고, 다시 돌아올 수 있었다.

범덤 여기저기 움푹 팬 곳이 눈에 띈다. 햇빛과 바람과 물과 그 사이에 깃든 나무가 손잡고 만든 흔적일 테지만 범이 제 가족을 거느리고 둥지를 틀기엔 알맞은 곳이라는 생각이 든다. 붉은빛과 검은빛이 고루 섞인 바위벽의 움푹한 곳에 몸을 감춘 호랑이를 떠올린다. 누구도 눈치챌 수 없을 천혜의 장소다. 이토록 완벽한 곳을 두고 호랑이는 왜 사라져버렸을까. 마을의 수호신처럼 범덤을 무대로 활동했을 호랑이는 언제부터 보이지 않게 되었을까. 일제 강점기 총을 들고 덤벼드는 포수들이 생겨나면서 범덤은 범을 안전하게 품어주는 역할을 그만두게 되었을지 모르겠다. 범덤에 길게 뻗은 수직의 절리가 떨어져 죽은 범의 발톱 자국 같다고 어떤 이는 말한다.

벼랑 아래 떨어져 죽은 범은 어떻게 되었을까. 간 큰 누군가가 가보로 남기기 위해 가죽만 벗겨가 버리고 남은 살은 썩어 흙이 되었을까. 무슨 사연으로 저 아름다운 벼랑에서 죽음을 맞이했을까. 먹잇감을 쫓다가 실족을 했을까. 짝짓기 감을 놓고 다투다가 떠밀렸을까. 총을 든 포수에게 희생을 당했을까. 사람들은 정말 범이 떨어져 죽은 걸 보기는 했을까. 아득히 높은 덤을 보고 오로지 범만이 올라갈 수 있는 벼랑이라 생각해 그런 이야기를 지어내지 않았을까. 수천 년을 그 자리에 있어온 범덤을 올려다보며 온갖 상상에 잠긴다.

병암 바로 곁에 제법 잘 지어진 서원이 하나 있다. 서원철폐령으로 훼철되었다가 몇 번 옮겨 짓기도 했다는 병암서원이다. 율곡 이이와 사계 김장생이 병암을 다녀간 일을 기념하기 위해 세워진 서원이라고 한다. 오백 년 전에 살았던 대학자이며 정치가가 다녀갈 정도였으면 병암은 이미 진귀한 풍모를 가진 바위로 나라 안에 이름이 났던 모양이다. 서원은 범덤의 위상에 어울리게 사액서원으로 잘 관리되고 있다.

서원 마당에 들어선다. 선비들 글 읽는 소리 간 데 없고 키 작은 민들레 무리 노랗게 웃으며 손님을 맞는다. 공부하는 선비들 발걸음 끊이지 않아 서원 마루에 윤기가 자르르 흐를 그때에도 밤이면 호랑이 울음소리 담장을 넘었을 게다. 그럴 때면 마당 귀퉁이에 핀 작은 꽃마저 저절로 몸을 움츠렸겠지. 담 너머에 있는 범덤을 넘겨다본다. 떨어져서 바라보니 범덤의 위용이 새삼 커다랗게 다가온다. 거기 어디 우거진 잡목숲에서 잘 생긴 호랑이 한 마리 포효하며 튀어나올 것 같다.

'호랑이의 줄무늬는 밖에 있지만 사람의 줄무늬는 안에 있다.'란 말을 떠올린다. 호랑이는 날카로운 발톱을 숨기지 않고 드러내던 솔직한 짐승이었다. 사람은 그에 비하면 모든 걸 속으로 감추고 사는 음흉한 존재다. 사람의 욕심 때문에 호랑이가 사라진 범덤에서 아득한 옛날 이곳을 누비던 호랑이를 추억한다. 범덤은 여전히 신비롭고 흐르는 물소리 나른한데 주변 사과꽃 향기 함께 맡을 누군가가 호랑이였으면 좋겠다는 엉뚱한 생각을 한다.

송강습곡, 오래된 주름

— 청송 '세계지질공원 훑어보기' · 3

일주일에 두 번 한글 문해 교실에서 어르신들과 시간을 보냅니다. 여학생 수가 훨씬 많은 문해 교실엔 칠 학년 후반부터 팔 학년 학생이 대부분입니다. 더러는 칠 학년 같은 구 학년 여학생도 있지요. 미래를 꿈꾸기보다 과거를 회상하는 일이 더 많은 어르신들입니다. 삶의 이치란 걸 일정 부분 알아버려 어딘가에 닿기 위해 바쁘게 서두를 것도, 무언가를 얻기 위해 아등바등할 것도 없는 나이입니다. 느긋하고 너그럽습니다. 자신의 걸 뚝 떼어 내어주는 데도 주저함이 없습니다.

그러한 어르신들이지만 이루고자 하는 꼭 한 가지가 있습니다. 글자를 깨치는 것입니다. 평생 까막눈으로 사신 세월이 안타깝다고 하십니다. 늦었다고 하면서도 읽고 쓰고 싶어 하시는 열정이 눈물겹습니다. 말로는 못한 얘기들을 손끝으로 들려주고 싶어 하는 맘이 간절합니다. 자식에게 손수 편지글을 써서 전해주고 싶다는 어르신의 작은 소망이 화석처럼 깊이 뿌리를 내렸습니다.

 벽에 걸린 달력을 찢어 어제 배운 것들을 자꾸만 베껴 썼다고 하셨습니다. 숙제로 내어드린 일기를 붙들고 썼다 지운 흔적이 새까맣게 묻어납니다. 오일장 가서 산 물건의 종류까지 빠트리지 않고 조목조목 적어 넣는데 받침 글자가 저 혼자 달아나 버렸다며 너스레도 떠십니다. 복잡한 모음자는 더욱 헷갈린다며 삐뚤삐뚤 쓰인 숙제장을 들고 아이처럼 검사를 받으십니다. 어르신들의 표정이 너무나 진지해서 숙연해집니다.

 마음에 쏙 드는 시가 있어 낭송해 드리면 더러는 눈시울이 촉촉해지기도 하십니다. 저 어르신들처럼 따뜻한 분들만 계시다면 세상은 참 향기롭겠다는 생각을 합니다. 재미난 이야길 들려드릴 땐 박수를 치며 아이처럼 웃으시지요. 흥에 겨우면 수업 중인 것도 잊고 덩실덩실 춤을 추는 어르신은 노래도 한 곡조 뽑으십니다. 진즉에 글을 깨쳤다면 그분들 삶의 빛깔이 훨씬 더 다채로웠겠다는 생각이 들어 마음이 짠해지기도 합니다.

 두 시간의 수업이 지루할까 늘 간식을 챙겨가지만 어르신들은 따로 먹을 걸 준비해 놓으십니다. 철철이 밭에서 나는 것들이지만 부족하다 싶으면 누룽지도 미리 만들어 두시지요. 때로는 외지에 나간 자식들이 사다 드린 먹거리까지 통째로 들고 오십니다. 간식으로도 모자라 공부방 청소까지 마치고 어린 선생을 기다리시는데 그 정성에 억겁의 인연이 느껴집니다.

노는 손이 아까운 어르신들은 수업이 끝나면 밭으로 가십니다. 기역자로 굽은 허리를 한 손으로 받치고 자식들의 바쁜 일손을 거들어 주시지요. 그도 힘에 겨운 어르신들은 그나마 수월한 고추 꼭지를 따며 소일합니다. 그렇게 모은 쌈짓돈으로 손주들 용돈 챙겨주는 게 유일한 낙이라고 하시면서요. 일철이 끝나면 겨우내 병원 순례를 하게 될 걸 알면서도 내리사랑만은 어쩔 수 없나 봅니다.

어르신들의 노동이 건강을 해칠까 염려되었습니다. 귀여운 손주들에게 물질적인 것 외에 사랑을 표현하는 방법을 알려 드리고 싶었지요. 이왕이면 좀 세련되게 작은 하트 만드는 법을 배워 드렸습니다. 엄지와 검지를 살짝 교차하면 생기는 하트 모양은 사람의 심장을 닮아 사랑을 표현하기에 적합하지요. 그런데 어르신들은 하나같이 두 개의 하트 만드는 걸 어려워하셨습니다. 한 분 한 분 손을 잡아 드렸지만 잘 되질 않았습니다.

그러다가 알게 되었습니다. 그처럼 단순한 동작도 그분들에겐 힘이 들 수 있다는 걸 말이지요. 한평생 일만 하신 어르신들은 손이 굳어 마음대로 구부러지지도 않았습니다. 줄긋기도 바르게 되지 않아 늘 구불구불하게 긋던 어르신들은 연필 글씨를 쓸 때면 손가락 끝에 힘을 모아 최선을 다해 쓰고 계셨습니다. 어찌어찌 엉성한 하트를 만들어 보인 어르신이 허허롭게 웃었습니다. 비로소 그분들 웃음 안에 깊은 주름이 보였습니다. 오랜 세월 켜켜이 쌓인 삶의 주름이 어르신들 손가락뿐 아니라 온 몸에 나이테처럼 새겨져 있었습니다.

그날 이후 어르신들을 만날 때면 주름부터 보였습니다. 숨어있는 주름들이 가만가만 살아온 얘기들을 건넸습니다. 이마에 난 몇 겹의 주름부터 손가락 마디마디 들어선 촘촘한 주름까지 쉬이 생긴 주름은 없었지요. 갖가지 사연을 지닌 주름은 저마다의 빛깔로 물들어 사람의 한 생을 품고 있었습니다. 어르신들이 웃을 때마다 주름도 함께 출렁거렸습니다. 낡은 스웨터에서 풀려나온 털실처럼 꼬불거리는 주름을 곧게 펼치면 달까지 가닿을 것 같았습니다.

이야기를 품은 또 다른 주름을 만납니다. 파천면 송강리에 있는 용전천 기슭입니다. 사람이 아니라 땅에도 주름이 있다는 걸 알게 해준 곳입니다. 생태공원 한가운데를 가로지르는 어천교 아래에는 기다랗고 네모난 징검다리가 놓여있습니다. 찰랑거리는 용전천 물소리를 들으며 징검돌을 하나 둘 세며 건넙니다. 마지막 징검돌 끝에 서면 특이한 모양으로 주름이 잡힌 '송강리 습곡구조'가 나타나지요. 물가 비탈진 면에 자리한 습곡은 검거나 붉은 빛깔의 평퍼짐한 바위가 깊고 촘촘한 주름을 가득 펼쳐놓고 있습니다.

　언젠가 어천 마을 어르신에게 들은 얘기가 있습니다. 임하댐 상류와 이어지는 어천리에는 변성암으로 이루어진 '어천 깡돌'이 즐비했다고 합니다. 서로 부딪치면 깡깡 쇳소리가 나서 깡돌이라 불렸다지요. 어두운 색에 하얀 띠를 두른 돌은 햇빛을 받으면 반짝이기도 해서 보는 이마다 탐을 냈을 정도라고요. 그러니 남아나질 않았겠지요. 지금은 어천 주변을 눈여겨보아도 거의 찾아볼 수 없습니다. 다만 임하댐 초입의 집들엔 그 말을 증명이라도 하듯 정원마다 아름다운 어천 깡돌이 한두 개씩 놓여있습니다. 맷방석만 한 것부터 동산만 한 것까지 크기도 모양도 다양합니다.

　어천 초입에 자리한 송강 습곡은 어천 깡돌과 관련이 있는지도 모릅니다. 송강 습곡은 변성암류로 이루어졌다는 설명이 어천리 어르신의 깡돌 이야기를 뒷받침하고 있는 것 같습니다. 어디까지나 추측이긴 하지만 말입니다. 어떻든 어천리와 이웃한 송강리가 같은 풍경을 하고 앉았다는 느낌은 분명합니다. 주변을 가득 채우고 있는 습지가 사람의 마음을 편안하게 하는 것까지 닮았습니다. 총면적이 팔만 평에 달하는 생태공원은 그 절반 가까이가 습지에 속합니다. 어천리에서 임하댐으로 이어지는 습지 또한 너무나 호젓해서 자연생태공원이라 이름 지어 불러도 손색이 없습니다. 그 속엔 많은 생물들을 품고 있지요.

변성암류의 구조적 특징은 주름이라고 하는데요. 지층이 압력을 받아 끊어지지 않고 연속적으로 휘어진 습곡은 지하 깊은 곳의 무른 지각에서 만들어진다니 주름이 생기는 까닭을 알 것도 같습니다. 길게 드러누운 송강습곡은 그야말로 주름치마를 펼쳐 놓은 듯합니다. 양쪽에서 밀어 올리는 힘에 의해 생긴 물결무늬 주름은 지금이라도 바람이 불면 찰랑거릴 것 같습니다. 선캄브리아기인 오억사천만 년 이전에 형성되어 '시간의 저장소'라 불리는 바위 앞에서 참으로 아찔한 착각을 합니다. 어떻든 사람이나 지층이나 주름은 몸이 품고 있는 언어라는 생각이 듭니다.

오래된 바위 주름을 가만히 들여다봅니다. 일자 주름, 물결 주름, 넓은 주름, 좁은 주름, 짧은 주름, 긴 주름, 가는 주름, 굵은 주름, 꺾인 주름, 패인 주름이 온갖 주름의 전시장 같습니다. 세 번의 중첩된 습곡 작용과 시기를 달리하는 세 번의 관입 작용, 한 번의 단층 운동에 의해 형성된 연유로 저처럼 다양한 주름이 생겼나 봅니다. 사람의 주름이 그 사람의 일생을 말해주듯 지표면의 주름은 지구의 역사를 간직하고 있을 테지요. 청송 골짜기 용전천 아래 말없이 누워있는 주름 바위는 한반도의 지구조 운동을 이해하는 데 중요한 연구 자료가 된다니 이곳 하나하나의 주름이 해독이 어려운 암호같이도 보입니다.

습곡에 엉덩이를 붙이고 앉아 용전천 물을 바라봅니다. 고요한 물빛 덕분에 땅의 주름을 보며 흥분됐던 마음이 차분해지려는데 세탁기만 돌려놓고 그냥 나왔다는데 생각이 미칩니다. 벌써 시간이 꽤 흘렀으니 통 안에 갇힌 옷에는 몇 겹의 주름이 졌겠습니다. 옷에 난 주름이야 한 번 더 헹구면 말짱해지겠지요. 사람의 몸에 생긴 주름도 맑은 물에 몇 번 씻는 일만으로 사라진다면 참 좋겠습니다. 문해 교실 어르신들의 주름이 아무리 아름다워도 젊어지는 것에 비하려고요.

하지만 꼭 그렇지만은 않은 것 같았습니다. 언젠가 어르신들께 여쭈었더니 사람이 때 되면 늙고 더 나이 들면 먼 길 가야 하는 게 순리라고 하시더군요. 그래야 젊은 세대의 어깨가 가벼워진다 하시면서요. 어르신들이 '에이지 퀘이크(age-quake)'란 전문 용어를 들어보셨을까요. 그분들은 인구지진이 가져올 커다란 충격을 이미 삶에서 얻은 경험으로 터득하고 계셨습니다.

수억 년 전에 돌림노래처럼 거듭되었던 땅의 용틀임을 용전천은 빼놓지 않고 지켜보았을 테지요. 땅이 펄펄 끓는 제 몸을 열었을 때 용전천 물은 차마 멀리 도망갈 수 없어 함께 끓었을지도 모릅니다. 용암이 지표면에 아픈 무늬를 새길 때 지구 한 귀퉁이의 역사는 쓰였겠지요. 하지만 지금의 물은 그때의 물이 아닙니다. 다만 끊임없이 흐르고 흘러서 습곡의 가장자리를 아주 조금씩 갉아먹는 습성은 닮아있을 테지요.

습곡을 지나는 바람이 제법 싸늘합니다. 어천교 너머로 지는 해가 용전천을 붉게 물들입니다. 문득 태풍 매미가 지나간 후 자취를 감추었다는 어천교 아래 황소바위 소식이 궁금해집니다. 어천교 부근이 황소목이란 이름을 갖게 된 것도 그 집채만 한 바위 때문이라는데요. 용전천 깊은 소 아래 묻혀서 제 나이를 기억하느라 몸에 주름을 새기고 있지는 않을까요. 언젠가 땅 위로 솟아오를 커다란 꿈을 간직한 채 말입니다.

  습곡을 등지고 징검다리를 건너는데 문해 교실 어르신들의 자글자글한 주름과 습곡의 깊고 오래된 주름이 겹쳐져 떠오릅니다. 이미 해는 넘어가고 노을빛은 한창 익어가는 이 고장 사과 빛깔을 닮았습니다. 지구의 속도가 까닭 없이 빠르게 느껴집니다. 징검다리 가운데 서서 마음 안에 어떤 것들로 채워야 아름다운 주름을 간직하게 될까 생각하는 저녁입니다.

수락리 주상절리, 잘 생긴 돌기둥
— 청송 '세계지질공원 훑어보기' · 4

　여중시절 친하게 지내던 아이가 있었다. 호랑이로 소문난 학생주임 선생님은 그 아이를 이름 대신 '류 군'이라 불렀다. 멀쩡한 여학생을 '군'이라 호칭하는 주임 선생님의 태도엔 거리낌이 없었다. 차라리 동성을 향한 동지애마저 느껴졌다. 억지로 남자가 되고자 했던 제자의 안타까운 마음을 선생님은 보듬어주고 싶었는지 모른다.

　류 군은 또래에 비해 크지도 작지도 않은 키에 호리호리한 몸매를 지니고 있었다. 천생 여자였다. 하지만 그녀는 보통의 여자아이들처럼 깔깔거리며 웃는 법이 없었다. 늘 빙그레 소리 없이 웃었다. 자연스럽지 못한 팔자걸음에 상체는 걸음을 뗄 때마다 뒤로 젖혀졌다. 누가 봐도 남자처럼 보이기 위해 연습한 흔적이 역력했다. 한쪽 어깨에 불량스럽게 둘러맨 카키색 남학생 가방은 그녀의 속마음을 대변하고 있었다. 습관처럼 교칙이 몸에 밴 나는 그 아이의 삐딱함이 마음에 들었다.

하절기가 되면 류 군은 별에서 온 아이처럼 특별했다. 치마를 입은 아이들 사이에서 동복에만 허용되는 바지를 입고 다녔다. 엄청난 파격이었다. 교복 치마 길이가 조금이라도 짧으면 학생주임 선생님의 몽둥이가 예고도 없이 날아들던 시절이었으나 류 군만은 예외였다. 전교에서도 바지만 입는 아이로 통했고, 학교 운영위에서도 묵인해 주는 눈치였다. 교칙이란 당연히 지키기 위해 있는 것이라 생각했던 나는 그 아이가 궁금해지기 시작했고 차츰 가까이 다가갔다.

류 군은 딸 많은 집의 막내였다. 그녀의 아버지는 사내아이를 간절히 원했지만 꿈을 이룰 수 없었다. 어린 류 군은 아버지의 마음을 이해하기도 전에 아버지의 뜻에 의해 사내아이처럼 길러졌다. 아들처럼 옷을 입고 아들처럼 말하고 아들처럼 걸었다. 온갖 멋을 부리는 언니들 사이에서 류 군은 당연한 듯 막내아들 역할을 했다. 치마는 언니들에게나 해당되는 옷이었다.

류 군은 등교 전이나 하교 후에는 아버지가 운영하는 자전거포에 들러 잔심부름을 도맡아 했다. 가끔 지각을 한 류 군의 얼굴에 덜 지워진 기름때가 묻어 있곤 했다. 류 군은 선생님께 혼이 나면서도 변명 따윈 하지 않았다. 그저 씩 웃으며 손바닥 몇

대를 맞고는 별일 아닌 듯 자리에 가 앉고는 했다. 곁에서 일을 돕는 씩씩한 막내를 아버지는 아들 대하듯 기특해 했고, 류 군은 그런 아버지를 보며 자신의 정체성을 확고히 다지고 있었다.

조회시간이면 류 군은 어지간히 눈에 띄었다. 넓은 운동장 가득 치마 입은 여학생들 사이에서 쭉 뻗은 류 군의 두 다리는 책에서 본 그리스 사원의 기둥처럼 듬직했다. 나는 가끔 그런 류 군을 선망의 눈길로 바라보곤 했다. 내게는 없는 그 아이만의 고유한 분위기에 나도 모르게 젖어들었다. 그때의 나는 너무나 어렸으므로 그 아이가 택한 길이 얼마나 힘들고 외로웠을지 깊이 들여다볼 염을 내지 못했었다.

언젠가 류 군은 내 덩치만 한 기타를 내게 빌려준 적이 있었다. 한 지붕 아래 언니들과는 격리되듯 자란 그 아이가 유일하게 위로받은 것이 그 기타가 아니었을까. 그런 기타를 친구인 나와 공유하고 싶어서였는지 모른다. 하지만 나는 몇 번 퉁겨만 보았을 뿐 고이 모셔두었다가 그냥 돌려주었다. 음악엔 통 소질이 없었던 때문인데 문득 삶의 모퉁이에서 기타와 마주칠 때면 사내아이처럼 살기로 마음먹은 후 류 군이 겪었을 고통 같은 것들이 떠올라 가슴 언저리가 뻐근해지곤 했다.

여중을 졸업한 지 꼬박 40년이 흘렀다. 그동안 바람결에도 류 군의 소식을 들을 길 없었다. 나는 부러 여중 밴드를 가입하고 수시로 모임엘 나갔다. 어릴 때의 그녀들 모습은 찾아보기 어려웠지만 그때처럼 수다스러워서 옛날로 돌아간 듯한 착각에 빠지기도 했다. 하지만 보고 싶은 아이를 만나지 못하는 모임은 나를 그리 오래 붙들어두지 못했다.

그런 어느 날 성덕댐 구경을 나섰다가 수락리 주상절리를 만났다. 호수는 조회시간 운동장에 정렬해 있던 여학생들의 치맛자락처럼 반짝이고 있었다. 오랜 다리미질로 인해 반들반들 윤이 나던 초록색 치마를 닮은 물빛이었다. 그 한쪽 가장자리에 다각형 기둥의 절리가 늘씬하게 뻗어있었다. 돌기둥이 치마 입은 아이들 사이에서 바지만을 고집하던 류 군을 연상케 했다. 한 명이 아닌 여러 명의 류 군이 쭉 늘어서 있었다.

떠올리고 싶은 기억과 함께 만나는 사물은 뼛속까지 들어와 내 것이 된다. 수락리는 그날 이후 짬 날 때마다 찾아가는 장소가 되었다. 내가 사는 집과 가까이 있어서 더욱 그랬다. 흐린 날은 흐려서, 비 오는 날은 비가 와서, 맑은 날은 맑아서 찾았다. '수락'이라는 이름에서 풍기는 물 냄새가 나를 더욱 끌리게 했다. '시냇물이 폭포처럼 흐른다.'는 뜻을 가진 수락에 큰 호수가 생기고 댐이 조성된 건 어쩌면 예견된 일이었는지도 모른다.

가을이 깊었다. 현서면 수락리에도 붉은빛이 가득하겠다. 수락으로 가기 위해 일찍 길을 나선다. 성덕댐은 우리나라에 있는 다목적댐 중 가장 높은 곳에 위치해 있다. 수려한 전망을 갖추었음은 말할 것도 없다. 나는 주로 안덕 마을로 해서 댐으로 가는 길을 택한다. 댐 정상에 올라서면 먼 데 있던 하늘이 성큼 다가와 손을 내민다. 그 하늘과 냉큼 악수를 하고 싶지만 댐으로 곧장 가지는 않는다. 입구에 있는 수달 캠핑장 팻말을 따라 오른쪽으로 방향을 꺾는다. 나는 어느새 어린 시절 류 군처럼 삐딱한 걸 좋아하게 되었다는 걸 절감하는 순간이다.

곧장 가는 길에서 삐딱하게 벗어나 마주치는 풍경은 때론 아늑하다. 캠핑장 한쪽엔 조그마한 카페가 있다. 카페 주인이 직접 내려주는 커피는 향과 맛이 각별하다. 더구나 주인은 음악을 하는 사람이라 카페엔 여러 가지 악기도 마련되어 있다. 운이 좋으면 그가 연주하는 음악을 덤으로 들을 수 있으니 빼놓을 수 없는 곳이다. 카페 바깥에도 작은 무대가 마련되어 있어 주말 저녁이면 갖가지 공연이 펼쳐진다. 또한 맑은 물이 흐르는 시내와 아담한 축구장도 갖추고 있어 이미 캠핑족들 사이엔 꽤 알려진 명소다.

향이 좋은 커피를 음미하며 웅장하게 버티고 선 댐 위로 올라선다. 호수 곁에서 맡는 공기는 여느 곳과는 사뭇 다르다. 마중 나온 하늘과 미리 눈인사를 나눈 덕분인지 천상의 것처럼 귀하게 여겨진다. 물속을 들여다본다. 그 아래 사람이 다니던 길이 있었다. 갈고리 같은 손으로 화전을 일구던 사람들은 거의가 떠나고 더러는 더 깊은 골짜기로 터전을 옮겼다. 문득 그들이 내가 편애해 자주 찾는 수락의 주상절리를 얼마나 애착했을까 궁금해진다. 어떻든 그들이 두고 떠난 물빛은 여전히 맑고 쓸쓸해 보인다.

호수 주변으로 난 둘레길을 따라 걷는다. 좋아하는 것을 아껴 뒀다가 보고 싶은 마음에 주상절리가 있는 수락 2교까지 걷기로 한다. 마른 꽃 대궁이 지나는 이의 옷자락을 당기고 물바람이 일 때마다 마른풀 서걱거리는 소리 들린다. 호수 양쪽엔 능선으로 길게 이어진 면봉산 자락이 붉게 물들었다. 가끔씩 지나는 차들이 단풍 든 산과 호수를 구경하느라 속도를 늦춘다.

무계교를 지나 무계리란 팻말과 만난다. 지난봄 이곳 산비탈에서 따 먹던 넝쿨 딸기가 떠오른다. 비탈 하나가 발갛게 물들어 그저 지나칠 수 없던 풍경이었다. 가시에 찔리며 달콤함에 빠졌던 시간은 사라지고 계절은 날개를 단 듯 빠르게 도망간다. 풍경 속에 들어선 나도 돌아서면 금방 잊힐 풍경이겠는데 주변의 자연은 지나간 것들을 그들 몸 안에 차곡차곡 새기고 있다.

천천히 걸어 수락 2교에 닿았다. 수락리 주상절리가 가장 잘 바라보이는 곳이다. 보현천 물이 흘러들어 이루어진 이곳 호수 아래에도 면봉산 칼데라 지형이 지난다. 동쪽 산기슭 호수와 맞닿은 곳에 펼쳐진 약 1억 년 전의 시간과 대면한다. 잘 생긴 돌기둥 전시장을 허락도 없이 훔쳐보는 셈이다. 안타깝게도 호수의 수위가 높아진 탓에 돌기둥의 아랫도리는 물에 잠겼다. 온전한 모습을 볼 수 없으니 마음은 더욱 간절하다. 쭉 뻗은 돌기둥이 되지 못하고 떨어져 누워버린 너덜은 물속에 잠겨서 아예 볼 수가 없다. 눈으로 볼 수 없으면 마음으로 보면 될 터이다.

　백악기 함몰 칼데라에 속하는 면봉산 지역은 세월의 풍화를 거치면서 화구가 어디였는지조차 불분명해졌지만 칼데라의 중심이 수락리 주상절리인 건 밝혀진 상태다. 또한 이곳은 화산재가 쌓여서 굳어진 용결응회암으로 형성되었다. 뜨거운 화산재가 쌓이는 동안 높은 열과 압력으로 인해 서로 엉겨 붙었다가 식으면서 몸피는 줄어들어 다각형의 돌기둥이 된 보기 드문 절리다. 섬세한 재의 무덤이어서인지 여느 주상절리처럼 돌기둥의 결은 찾아볼 수 없다. 미끈한 몸통에는 오랜 세월 한자리를 지켰음을 말해주듯 검은 줄무늬 얼룩이 물들어 있다.

　나는 이곳에서 늘 그렇듯 여중시절 류 군을 만난다. 내적인 갈등과 외부의 따가운 시선을 극복하고 아버지의 뜻대로 살기를 원했던 바지 입은 류 군이 거기 있다. 가만히 읊조려 본다. '수락리 주상절리', 류 군은 주상절리를 닮은 남자로 사는 걸 수락했다. 참으로 적절한 비유다. 용암재 하나하나가 날아들어 돌이 되는 지난한 과정을 떠올리니 남자로 살기 위해 끊임없이 남자를 흉내내던 류 군이 보인다. 삐딱하던 그녀, 류 군은 누구보다 속은 따뜻한 여자였다. 칙칙한 바지만 입고 지내던 그녀를 위로하는지 오늘따라 돌기둥 주변의 단풍이 유난히 붉고 곱다.

신성계곡 물길 따라
— 청송 '세계지질공원 훑어보기' · 5

봄 산빛이 환합니다. 청송 골짜기에는 이제 막 사과꽃이 벙글기 시작합니다. 이맘때 사람들은 너나없이 사과꽃 안부를 묻는 일로 하루를 시작합니다.

"꽃이 마이 왔니껴?"

제가 들어본 말 중 세상에서 가장 아름다운 인사입니다. 저는 이 고운 말이 어디로 날아갈까 두려워 두 손으로 여미듯 해서 장롱 깊숙이 넣어두고 싶어집니다. 꽃의 안부를 묻는다는 건 가을에 올 결실을 미리 점쳐보는 것이지요. 한편으론 이제 곧 본격적인 일철이 시작된다는 의미이기도 합니다. 축원과 삶의 의지를 꽃 인사로 에둘러 표현한 이 고장 사람들이 제 눈에는 모두 시인으로 보입니다. 꽃의 안부를 묻는 꽃같은 사람들이 사는 마을에 섞여 있다는 일이 저에겐 축복입니다. 그래 저는 꽃을 피우기 위한 나무의 노고를 언제든 기억하려 애씁니다.

 봄볕을 핑계 삼아 오늘은 봄나들이에 나섭니다. 과수원 땡볕 아래서 사과 알갱이를 솎아내느라 바쁘게 움직여야 할 과수원지기인 저에게 미리 건네는 봄 선물입니다. 청송이 유네스코 세계지질공원에 등재되는데 그 몫을 단단히 한 신성계곡으로 향합니다. 집에서 그리 멀지 않은 곳이지요. 40여 리에 이르는 계곡을 따라가다 보면 이제 피기 시작한 눈부신 사과꽃뿐 아니라 온갖 모양의 현란한 지질을 만날 수 있습니다. 청송팔경 중에서도 제일경에 속하는 이 계곡엔 뛰어난 볼거리가 풍성합니다.

 물 맑기로 소문난 길안천 상류에 속하는 계곡은 천문대가 있는 보현산이 그 시원입니다. 어쩌면 가는 길에 계곡 물에 몸 헹구는 낮별을 만날지도 모르겠습니다. 찰방찰방 물장구치며 놀던 수달이 물에 빠져 노는 낮별을 건지느라 몸 놀리는 걸 보는 일은 이곳에서만 누릴 수 있는 호사일 것 같습니다.

 계곡 초입에 들어서면 높은 벼랑 위에 아담한 정자 하나가 반깁니다. 신성계곡의 절경을 제대로 볼 수 있는 곳이지요. 조선시대 선비 조준도가 어머니를 그리며 세운 '방호정'입니다. 어머니의 묘가 바라보이는 곳에 세워져 있는데요. 벼슬을 마다하고 낙향한 그가 후학을 기르며 학문을 논하던 곳이기도 합니다. 세월이 느껴지는 나뭇결 문틈으로 가만히 귀를 대어보니 옛 선비의 글 읽는 소리 낭랑하게 들릴 듯합니다. 정자를 받치고 있는 벼랑은 백악기 시대의 지질이 층층이 쌓여있어 '방호정 퇴적층'이라 불린다지요. 백악기의 단면을 축적해 놓은 내밀한 지질 보고서인 셈이지요. 주변 숲을 배경으로 계곡 물속에도 소박한 정자 하나가 또 그렇듯 들어앉았습니다. 흐르는 물에도 젖지 않을 고고한 풍경입니다. 빛바랜 정자에서 풍기는 사모의 정이 이 골짜기를 더욱 기품 있게 합니다.

방호정을 둘러본 후 다시 계곡을 따라 길을 나서면 산을 임의로 깎아 놓은 듯 기울어진 암반이 보입니다. 공룡발자국이 선명하게 찍혀있는 곳이지요. 일억 년 가까이 묻혀있던 짐승의 발자국을 태풍 '매미'가 지나며 꺼내 놓고 갔습니다. 침묵하고 있던 지구의 한 귀퉁이를 깨우고 간 거대한 매미에게 잠시 목례라도 하고 싶어집니다. 지구별이 새겨 놓은 서사시를 감상하듯 경사면 위를 올려다봅니다. 같은 방향을 향해 일정한 간격으로 걸어간 짐승의 흔적이 무려 수백 개입니다. 백악기 마지막을 살았다는 공룡의 발자국을 마주 보며 경사면에 설치된 탐방로를 따라 걷습니다.

일억 년의 세월이 고스란히 드러난 화석에서 거대한 공룡의 날갯짓을 떠올립니다. 과거로부터 불어온 세찬 바람이 휘몰아칠 것 같아 순간 몸을 웅크립니다. 오래전 넓은 평지와 호수였다던 이곳은 어쩌면 덩치 큰 짐승들의 놀이터였는지도 모릅니다. 지금까지 발견된 공룡발자국 화석 중 가장 넓게 분포되어 있는 것만 봐도 알 수 있습니다. 백악기 공룡의 마지막 낙원이었을지 모를 이 골짜기를 시샘하였을까요. 하늘과 땅은 서로 내통하여 깊숙이 숨겨버렸으니 말입니다. 커다란 짐승의 발자국 곁에 가만히 내 발을 견주어 보는 상상을 합니다. 겨드랑이 어디쯤에서 생기다 만 날개가 돋을 것도 같습니다. 훨씬 가벼워진 몸으로 전망대 끝에 이릅니다. 저는 조금씩 친근해지기 시작한 그들의 발자국과 천천히 작별합니다.

다시 길을 떠납니다. 천지에 사과꽃 향기 퍼지는 햇살 좋은 봄날입니다. 이 지방의 봄은 다른 곳보다는 몇 발자국 더디게 찾아듭니다. 깊고 높은 곳에 자리한 골짜기는 늦게 만난 봄을 더 오래까지 함께 합니다. 나부끼는 바람이 살갗을 간지럽히고 계곡 물 소리는 감미롭습니다. 그 물 아래 이 지방 사람들이 골부리라 일컫는 '다슬기' 커 가는 소리 들릴 것 같습니다. 어린 다슬기는 물속에서 자라는 반딧불이 유충을 먹여 살리겠지요. 외진 이 골짜기에 반딧불이가 날아다니는 꿈결 같은 여름을 미리 그려봅니다. 드문드문 지나는 차들은 낙원을 찾아가는 방랑자처럼 급할 것이 없어 보입니다. 느리게 흐르는 시간이 이곳에만 존재하는 듯 저는 봄 다 가도록 이 계곡을 걸을 것만 같습니다.

좀 더 나아가다 오른쪽으로 꺾어진 계곡에 엎어질 듯 우뚝 선 붉은 절벽과 마주합니다. 지소리의 '만암자암 단애'입니다. 이 곳 사람들이 '붉은덤'이라 부르는 곳이지요. 사진가들에겐 '적벽'이라 소문난 이곳은 비 내리는 날 바라보면 더욱 붉게 보여서 초록의 숲과 대조를 이룹니다. 저는 그 모습이 좋아 부러 흐린 날을 택해 이곳을 찾기도 합니다. 수직으로 뻗은 붉은 빛의 절리가 인상적인 이 구간은 목적을 지닌 탐방객이 아니라도 자연스레 걸음을 멈추는 곳입니다. 이국적인 정취마저 묻어나는 이곳은 선경이라는 감탄을 절로 자아내게 하는 때문입니다. 바쁠 일 하나 없는 저는 붉은덤 아래에 놓인 징검다리를 느릿느릿 건너봅니다. 아주 오래전 술병을 들고 물속에 뜬 달을 건지러 간 이백은 아니어도 지난밤 하늘에 마실 나왔다 사라진 별의 안부를 만날 수 있을지도 모릅니다. 지나친 기대였을까요. 반짝이며 흐르는 물에 사과 꽃잎 서넛 흘러갑니다. 산언저리 과수원마다 길 잃은 별이 매달린 듯 사과꽃 소담하더니 여기까지 그 은은한 향기 나눠준 모양입니다. 겨우내 목축인 나무가 계곡물에 띄우는 연서처럼 보입니다. 저도 이 봄 다 지나기 전 저토록 아름다운 꽃잎 편지를 띄워보고 싶어집니다.

숭배하고픈 풍경을 뒤로하고 또다시 길을 걷습니다. 계곡 양옆으로 튀밥 같이 부푼 사과꽃 다 지고 나면 가로에 길게 늘어선 산딸나무에 하얀 바람개비 같은 꽃이 피어 이 길을 몽환 속으로 이끌 것입니다. 꽃이 피는 일을 생각하면 꽃 피우기 위해 물어뜯긴 나무의 상처가 떠오릅니다. 그 상처 위로 열매가 되어선 안될

꽃을 솎아내는 사람들이 보입니다. 그들의 바쁜 일손 아래 버려진 꽃들은 차곡차곡 쌓입니다. 저렇듯 버려진 꽃들도 땅 속으로 가서 오래도록 사라지지 않고 화석이 되면 좋겠습니다. 먼 훗날 또 한 번 지구가 꿈틀대는 날, 다시 깨어날 수 있다면 우리가 살던 세상은 얼마나 아름답게 기억될까요.

어느 사이 고와 마을에 왔습니다. '백석탄'이 있는 곳입니다. 유네스코 세계문화유산에 등재된 청송의 지질공원에는 총 17개의 지질명소가 있는데요. 국립공원 주왕산을 중심으로 한 '주왕산지구'와 백석탄을 품고 있는 '신성지구'입니다. 이곳 신성지구 중에서도 '하얀 돌이 반짝이는 여울'이란 뜻을 가진 백석탄을 저는 가장 편애합니다. 풍경을 사랑한다는 건 직접 보는 것을 넘어 보듬고 안아볼 수 있는 것이 아닐까 싶습니다. 눈으로 한 번 보면 잊을 수 없다는 주왕산 주변에 널린 특이한 지질 공원보다 사람의 손길을 허락하는 이곳을 저는 오매불망 그립니다. 주말 새벽이면 출사 나온 사진가들로 붐비는 이곳을 저는 짬만 나면 찾아와선 쓰다듬어 보곤 합니다.

상처에서 꽃이 핀다는 말이 있습니다. 백석탄에 있는 흰 바위는 모두가 억겁 상처의 기록입니다. 흉터를 지닌 바위 어느 하나 아름답지 않은 것이 없습니다. 흐르는 물에 씻겨 하얗게 바랜 채 널린 돌의 모서리는 모난 곳 없이 둥글둥글합니다. 거친 물살과 바람에 시달린 바위의 형상은 신들의 조각품을 연상케 합니다.

포트홀이라 불리는 돌개구멍에 고인 물을 보며 그들 상처의 세월이 저만큼인 걸 알겠습니다. 삶이라는 걸림돌에 수시로 발부리가 걸려 넘어져 본 이들이라면 누구나 짐작하고도 남을 깊이입니다.

옛 시인은 백석탄이 주왕산 가까이에 자리했더라면 금강산에도 뒤지지 않을 절경이라고 칭송했다지요. 저는 오랜 연인에게 그러하듯 바위 하나를 힘껏 껴안아 봅니다. 처음 생겨났을 때의 따뜻한 온기가 아직도 남아 있다는 착각마저 듭니다. 땅 속 깊은 곳에서 솟아난 이들에겐 지구의 역사가 한데 엉겨있을 터입니다. 인류가 태어나기 훨씬 이전에 이들은 생겨나고 이곳에 존재했습니다. 강가의 돌멩이 하나에도 우주의 전 과정이 녹아있다는 말을 떠올리며 저는 서로 다른 백석의 표정을 살핍니다.

소용돌이 속에서 거품과 씨름했을 바위의 촉수가 저에게 말 건넵니다. 시새우는 바람과 물살에 제 몸 한 귀퉁이 내어주는 법을 알아야 견딜 수 있는 거라고요. 문신처럼 새겨진 실금과 유려한 곡선들이 속삭입니다. 소멸되지 않으려면 제 몸에 난 흉터를 핥으며 스스로 치유하는 도리밖엔 길이 없다고요. 저절로 고개가 끄덕여집니다. 세찬 물살에 잘근잘근 씹히고 더러는 뿌리째 넘어지고 엎어지면서 제 자리를 지켜온 끈기가 눈물겹습니다. 생명은 태어나면서부터 최선을 다해 살아내는 것이고 역사는 그렇게 이어지는 거라고 백석탄은 저에게 조곤조곤 일러줍니다.

처음 그에게 다가와 눈을 맞추었던 우리들의 조상, 그들의 숨결이 아직도 새어 나오는 건 아닌지 귀를 기울입니다. 반짝이는 여울 속에 하얀 바위는 침묵으로만 일관합니다. 지친 길손의 목을 축여주고 다리 뻗고 누울 수 있는 든든한 쉼터도 되었을 너럭바위에 잠시 걸터앉아 봅니다. 힘든 일을 마치고 물가에 앉아 호미를 씻던 농부의 얼굴이 스칩니다, 가사연이란 이름이 선명하게 찍힌 바위 곁에서 갓 쓴 선비들이 도포자락을 펼치고 앉아 시를 읊던 모습이 그윽이 생각키웁니다. 그들이 바라보고 머물던 바위에 제가 기대어 있다 생각하니 수만 세기가 한꺼번에 제 곁에 머문다는 느낌마저 듭니다.

고르게 퍼졌던 햇빛이 산 그림자에 가려 흔적도 없습니다. 봄날은 언제나 서러우리만치 짧습니다. 반짝이던 여울엔 낮별도 잠들었는지 적요함이 묻어납니다. 잡목숲을 잘라먹은 어둠이 소쩍새 울음에 실려 계곡으로 내려오고 하얀 바위는 제가 지닌 몸빛으로 하여 일몰과 달밤의 경계를 흐려놓습니다. 모호한 경계는 오래도록 지속될 것 같다는 생각을 합니다. 수억 년 제 자리를 지켜온 백석의 의지가 어둠마저 무색케 할 것 같은 힘의 상징으로 보이는 때문입니다.

어린 각시붓꽃 한 포기 밝은 어둠 아래 서성대다 보랏빛 입술을 오므립니다. 은은하게 번지던 사과꽃 향기도 하루 일을 마친 꿀벌들이 떠났는지 더는 맡을 수 없습니다. 신성계곡 물길 따라 함께한 봄날은 이렇게 저뭅니다. 풍경은 보는 것이 아니라 오래 매만져 마음에 담아두는 것입니다. 저는 마음 문을 열고 빛바랜 방호정자와 움푹한 공룡발자국과 병풍 같은 붉은덤을 눌러 담습니다. 세월이 갈수록 하얗게 반짝이며 모양을 바꿔 갈 백석탄의 절경도 꾹꾹 챙겨 넣습니다. 오늘 본 시간의 풍경을 저만이 아니라 지구의 역사를 알고 지키고자 하는 모든 이들이 함께 누리길 소망해 봅니다.

절골, 그 깊고 아득한
— 청송 '세계지질공원 훑어보기' · 6

어떤 만남은 실제보다 소문으로 더 진하게 기억된다. 절골은 내게 그런 곳이었다. 한 번도 가 본 적 없지만 언젠간 꼭 가보아야 할 약속의 땅이었다. 다녀온 사람들 얘길 듣다 보면 이 세상에 존재하지 않는 고요가 살고 있을 것 같았다. 먼 데서 온 하늘이 편안하게 내려와 쉬는 곳이라 했다. 구름과 물이 한통속으로 껴안고 노니는 협곡이라고도 했다.

특히 오월의 절골은 하얀 쪽동백이 떨어져 눈처럼 길을 덮는다고 했다. 하얀 꽃잎이 물 위를 둥둥 떠가는 상상을 하는 것만으로도 사무치게 좋았다. 때죽나무꽃처럼 생긴 쪽동백이 눈처럼 떨어져 내린 골짜기를 떠올리며 오월이 되면 무슨 일이 있어도 꼭 가보리라 다짐했다. 하지만 사는 일이 그리 녹록지 않아 그

꿈같은 풍경은 쉬이 만날 수 없었다.

구월의 절골은 둥근잎꿩의비름이 계곡을 환하게 밝힌다고 했다. 바위틈에서 자라는 키 낮은 식물이 분홍빛 자잘한 꽃등을 매달면 또 그렇게 예뻐서 눈을 뗄 수 없다고 했다. '둥근잎꿩의비름', 가만히 그 이름을 읊조려 보면 몸이 동그랗게 오므라드는 것 같았다. 등이 따뜻해지다가 소름이 돋기도 했다. 어떻게든 구월엔 절골로 가야 했다.

그런 솔깃하고 황홀한 말을 들은 지 두 해가 지났다. 바람결만 달라져도 절골에 가고 싶어 몸살을 앓았으나 뜻을 이루지 못했다. 시기를 딱 맞추어 가 본 적이 없다. 늘 좀 이르거나 늦어서 눈처럼 누운 쪽동백도, 계곡을 환하게 밝힌 둥근잎꿩의비름도 만나지 못했다. 누렇게 마른 꽃잎이 계곡을 덮은 걸 안타깝게 바라보았거나, 아직 꽃이 피기 전의 야생화를 애틋하게 만나고 왔을 뿐이다.

그래, 오늘 또 뜬금없이 절골을 향해 길을 나선 참이다. 가을 가운데서 절골을 향해가는 까닭은 아직까지 그곳 단풍을 보지 않은 때문이다. 꽃보다 눈부시다는 그곳 단풍을 보고 나면 쪽동백이나 둥근잎꿩의비름에 대한 미련도 좀 누그러지지 않을까 싶다. 그런데 하필이면 오늘이 일요일이다. 청운삼거리 초입부터 늘어선 차량 물결이 심상찮다. 옛날, 절이 있어 이름 붙여졌다는 절골을 향해 가는 내내 마음은 절을 하는 심정이 된다.

청송사람 대부분이 드러내놓고 자랑하고 싶은 곳이 주왕산이라면 절골은 아무도 모르게 아껴가며 보고 싶은 곳이라고 했다. 그 말을 증명이라도 하듯 주왕산을 지나면서부터 차량 물결이 표시 나게 줄었다. 마음에 여유가 생기니 주변 경치가 눈에 들어온다. 주왕산면 천지가 붉은 사과밭이다. 길 가엔 사과를 파는 노전이 뜨문뜨문 보인다. 이른 가을사과 맛을 보기 위해 노전 앞에 차를 세운 이들도 더러 눈에 띈다. 나도 잠시 사과 향기나 맡을 겸 차에서 내려 쉬어 가기로 한다.

네 속에 든
봄의 단비
삼복 땡볕
구월 달 부푸는 소리
시월의 서릿발이
너를 붉게 익혔다고
말하지 마라

푸른 골 농투성이
너를 향한 손길 잦아질 때
너는
단단하게 익어가는,

새콤하게 물드는,
푸진 꿀을 간직하는 쪽으로
마음 굳혔음을
사과나무는 안다

- 「청송사과」

사과 향기 실컷 맡았으니 다시 운전대를 잡는다. 주변 산이 온통 울긋불긋하니 가을의 절정에 들었음을 알겠다. 이렇듯 눈 시린 풍경 속을 오롯이 나 혼자 지나고 있음이 선물 같다. 주산지와 절골로 나뉘는 삼거리에서 방향을 결정짓지 못하고 허둥대는 차들의 무리를 본다. 이웃해 있으면서 똑같이 아름다운 명소를 두고 어디를 먼저 가야 할지 헷갈리는 마음이 읽힌다.

절골 초입부터 밀려드는 차들로 길은 북새통이다. 한적함을 기대했던 마음에 잠시 파문이 인다. 유네스코 세계지질공원에 등재된 곳이란 걸 깜빡 잊었었다. 이곳에 오면 세상과 단절이라도 될 줄 알았던 착각에서 얼른 벗어난다. 길섶에 차를 두고 근처를 둘러보니 등산객들의 행렬이 단풍보다 더 곱다. 커다란 카메라를 옆에 낀 사람들도 제법 많이 눈에 띈다. 구름과 물을 벗 삼아 걷기에 좋은 곳이란 걸 나만 아는 게 아닌 모양이다.

단풍 닮은 사람들 속에 스며들어 앞서거니 뒤서거니 걷는다. 절골 주차장 바로 앞에 소박하게 나앉은 카페가 보인다. '바람 기억'이다. 카페 간판만 봐도 바람 냄새가 날 것 같은 그런 곳이다. 그림 그리는 여자가 이곳 주인이다. 커피와 라면과 부침개를 파는 카페 한쪽엔 그녀가 그린 정물과 누드도 주연처럼 버티고 있다. 그래서 여기서 마시는 커피는 눈으로 마신다. 손님이 없을 땐 이곳 토박이인 그녀가 들려주는 절골 얘기도 들을 수 있다.

 탐방안내소에서 방문자 명단에 기록을 하고 절골 입구로 들어선다. 훅 치고 들어오는 단풍빛 사이로 농짝처럼 늘어선 협곡의 바위들이 방문객을 맞는다. 잠시 벌어졌던 입을 수습하고 다시 길을 재촉한다. 절골 초입에서는 늘 그렇듯 잘 생긴 바위들의 전시장을 보는 것 같다. 조금 더 나아가면 협곡 오른쪽 끄트머리 동그마한 바위 하나가 눈길을 사로잡는다. 커다란 바위 위에 위태롭게 걸쳐진 그것은 어찌 보면 신의 보석함처럼 도도하다. 이곳 토박이들이 아주 어렸을 적에도 그 자리를 지켰다니 협곡의 불가사의가 아닐까 싶다.

 단풍잎 떨어져 누운 물빛이 곱다. 한나절 앉아 쉬었으면 좋겠다. 너럭바위 어디쯤 퍼질러 앉아 물 보고, 구름 보고, 바람 보고, 단풍도 보고 그렇게 하루를 보냈으면 싶다. 나무다리에 서서 게을러지고 싶은 생각에 빠졌다 정신을 차리니 문득 배가 고프다. 단풍빛은 사람을 허기지게 하는가 보다. 카메라 한 대와 달랑 물 한 병을 가져온 걸 후회해도 이미 늦었다. 이럴 줄 알았으면 '바람기억'에서 부침개라도 한 장 먹고 올 걸 그랬다. 계곡 여기저기

도시락을 펼쳐놓고 제대로 된 소풍을 즐기는 이들이 부럽다.

골짜기 깊숙이 들수록 빛도 깊어진다. 십리가 훌쩍 넘는 협곡의 높이가 오십 미터가 더 된다니 빛이 오는 길이 보일 것만 같다. 계곡 초입, 신의 보석함 존재를 알고 있는 이곳 토박이는 어릴 적 이 깊은 협곡에서 회양목 베는 일을 했다고 한다. 가난하던 시절, 단단하기로 이름난 그 나무를 해다가 도장 파는 집에 가져다주면 돈을 쳐주었단다. 일용할 양식을 구하러 와서 다슬기를 잡고 물장구를 치며 놀던 어린아이를 떠올린다. 그때 아깝게 베어진 회양목은 얼마나 될까. 살림에 보탬이 되기는 했을까.

허기가 든다는 건 식욕이 솟는단 말과 동일하다. 붉은 단풍빛이 비어있는 위를 자극했으니 단풍을 눈으로 먹는 수밖에 도리가 없다. 카메라를 들이대고 더 가까이 식탐을 즐긴다. 식탐보다 먼저 지친 팔을 내려놓을 겸 카메라를 계곡 아래로 가져간다. 돌 웅덩이에 연한 흔들림이 전해진다. 바람 말고 무언가 살고 있다. 무심한 척 살펴보니 투명한 물빛 사이로 더 투명한 버들치 무리가 놀고 있다. 손가락 하나 크기보다 작은 생명이 지나던 이들의 걸음을 멈추게 한다. 사람 사는 세상에서 만났으면 식재료로 느껴졌을 물고기가 이곳에선 우아하게 유영하는 관상어로만 보이니 신기할 따름이다.

버들치 무리와 눈 맞추고 놀다 보니 손차양 아래의 가을볕도 어느새 옅어졌다. 계곡 아래 푹 팬 곳, 억겁의 세월이 만져지는 하식동까지 보았으니 협곡의 **뼈대**는 본 셈이다. 눈으로 먹은 단풍만도 몇 끼니는 될 것 같다. 협곡의 끝부분에 해당하는 대문다리까지 가다 말고 그만 돌아선다. 주왕산 가메봉까지 등산을 하지 않는다면 어차피 돌아 나와야 하는 길이다. 내려가는 길에 '바람기억'에 앉아 그곳 커피나 눈으로 마시자. '바람기억' 발코니에서 듣는 계곡의 바람소리는 남은 가을을 더 오래 기억되게 해 줄지도 모른다.

느럭느럭
계곡을 거닐면
구름과 물이
팔짱을 끼는 곳
오월 쪽동백과
바위틈 꽃불 밝히는
둥근잎꿩의비름이 사는 곳

먼데 하늘이
협곡 사이로 내려와
단풍 든 이마를 적시는
아껴가며 보고 싶은 풍경
세상에 없는 고요가

궁금해지거든

무언증 앓는 사람처럼

주왕산 절골로 오라

　　　　　　－「절골, 그 깊고 아득한」

청송에서 띄우는 편지

1

둑을 지나는 바람이 나긋합니다. 개울물 소리는 연인의 귀엣말처럼 감미롭게 들립니다. 물속에 잠긴 달풀도 이제 더는 발이 시리지 않아 보입니다.

겨우내 비어있던 개울가 빈집에 인기척이 느껴집니다. 서울 아들네로 가셨던 구순의 어르신이 시골 봄볕이 그리웠던 모양입니다. 그러고 보니 얼마 전부터 밤에도 불이 들어와 있었습니다. 이제 곧 기역자로 굽은 허리를 하고 지난봄처럼 나물을 캐느라 앞들을 누비실 테지요.

나는 개울로 내려가 아이처럼 물수제비를 뜹니다. 점점이 번지는 동그라미를 세는 일이 재미납니다. 징검다리에 버티고 서서 꼼짝도 않던 우리 집 강아지 송이가 물속으로 뛰어듭니다. 수초 사이를 노닐던 버들치 무리 때문인가 봅니다. 가만 들여다보니 맑은 물 아래엔 손톱만 한 다슬기도 제법 누웠습니다.

개울 주변으로 가지치기가 끝난 사과나무가 단정하게 봄을 맞습니다. 고운 꽃눈 속엔 푸진 결실을 바라는 과수원지기의 소망을 속속들이 껴안았을 테지요. 나긋한 바람결에 사과나무 물오르는 소리 들립니다.

큰길 쪽에 경운기가 지나갑니다. 동네 어르신 내외분이 앞뒤로 앉았습니다. 할머니는 읍내 푸른 미장원엘 다녀오시는지 까만 염색머리에 꼬불거리는 파마도 했습니다. 할머니를 기다리는 동안 할아버지는 습관처럼 다방엘 들르셨겠지요. 삼거리 다방 짧은 치마 입은 레지를 앉혀놓고 쌍화차라도 한 잔 드셨을 게 분명합니다. 털털거리는 경운기 소리가 오늘따라 유난히 경쾌합니다.

둑 위에 서서 개울을 내려다봅니다. 지난밤 쏟아질 듯 퍼부어 놓았던 별의 행방을 알 것도 같습니다. 낮별이 빠져 노는 개울은 눈이 부십니다. 찰방찰방 몸 헹군 별은 하늘로 올라가 어제처럼 맑게 빛나겠지요.

청송 골짜기에 찾아든 봄은 이렇듯 곱고 향기롭게 번집니다.

2

이른 아침 남편은 자두밭에 약을 치러 다녀왔습니다. 자두밭은 옆집과 붙어 있지요. 그런데 남편이 축 처진 목소리로 우울한 소식을 전합니다. 옆집에 초상이 났다고요. 노부부가 곡 하는 걸 보고 오는 길이랍니다. 마당귀에 핀 자귀나무 꽃술에 코를 박고 은은한 분향에 취해있던 저는 화들짝 놀라 고개를 듭니다. 어쩐지 부고를 전하는 그의 얼굴빛이 수상합니다. 그도 그럴 것이 옆집엔 노부부 외엔 딸린 식구가 없거든요. 옆구릴 찔러가며 추궁을 하니 그제야 짓궂은 남편은 실토를 합니다. 키우던 강아지가 죽었다고요.

칠순에 접어든 옆집 아저씨는 새벽마다 산책을 합니다. 거랑 둑길을 따라 자그마한 체구의 아저씨가 걸어가면 목줄을 하지 않은 복실이는 앞서거니 뒤서거니 따라가지요. 우리 집 거실 창으로 빤히 보이는 그 광경은 너무나 다정해서 저는 수시로 넋을 놓고 바라보곤 했습니다. 오늘도 복실이와 함께 산책을 다녀왔다는데요. 목줄을 하지 않은 것이 원인이라고요. 산책로 어디쯤에서 무얼 주워 먹었는지 집엘 왔더니 숨이 넘어가더라고 합니다. 안주인이 그걸 보고는 꺽꺽 울었답니다. 그러고 보니 강아지도 식구인 걸 저는 깜박했습니다.

죽은 복실이도 안 됐지만 옆집 안주인을 생각하니 마음이 더욱 짠해집니다. 아름다운 은발의 그녀는 올해 일흔 중반의 서울

댁입니다. 열일곱 해 동안이나 애지중지 하던 강아지를 잃고 힘들었다는 말을 몇 번이나 제게 울먹이며 들려줬었지요. 이리로 이사 오면서 새록새록 다시 정들인 강아지를 잃었으니 그 맘을 어찌 추스를 수 있을까요. 복실이가 그리 되도록 빌미를 제공한 아저씨는 또 얼마나 미안해하고 있을까요. "여보, 복실이 밥그릇도 같이 묻어줄까?" 하고 물어봤다가 아저씨는 안주인한테 나무람을 들었답니다. 누구보다 다정한 옆집 부부가 한동안은 힘들 것 같습니다.

당장이라도 달려가 슬픔에 **빠진** 안주인을 위로해 주고 싶습니다. 하지만 오늘은 아들이 휴가를 나오는 날이어서 마음이 바쁩니다. 집안 정리와 먹거리를 장만해 놓고 안동 시외버스 정류장까지 마중도 가야 합니다. 하지만 이런 건 다 핑계일지도 모릅니다. 무엇보다 슬픔에 **빠진** 노부부를 바라볼 자신이 없습니다. 저는 집안 정리를 하다 말고 뜰에 핀 금잔화 두어 송이를 옹기 화분에 옮겨 심습니다.

저녁 설거지를 마치고 집을 나섭니다. 낮에 심은 금잔화 화분과 냉장고에 있던 달콤한 케이크도 챙겼습니다. 예쁜 꽃과 달콤한 맛은 슬픔을 위로하기엔 더없이 좋다는 걸 저는 경험으로 알고 있습니다. 저만치 보이는 옆집 불빛이 조등을 단 듯 처량하게 보입니다. 지난 늦봄 붉게 익은 앵두나무 아래서 컹컹 짖던 복실이가 금방이라도 다시 뛰어나올 것 같습니다. 하지만 옆집 코앞에 다가가도 고요하기 이를 데 없습니다. 마당에 들어서니 열린 창문으로 때 아닌 음악소리만 크게 새어 나옵니다. 안을 들여다보니 거실 장 앞에 웅크려 오디오 볼륨을 한껏 높이고 음악에 취해 있는 은발 여인의 굽은 등이 보입니다. 자식을 먼저 보낸 뒷모습이 꼭 저렇지 싶습니다.

문을 열고 들어가 식사는 하셨느냐 묻는 제게 눈물 많은 그녀는 또 울먹입니다. 심장이 약하다는 그녀를 위해 저는 얼른 화제를 바꿉니다. 여기 오는 길에 있는 묵정밭에 개망초꽃이 가득 피었는데 그 향기가 어찌나 감미로운지 길을 잃을 뻔했노라고요. 이 금잔화도 빛깔이 고와서 창가에 놓아두고 즐기기에 좋을 거라고 말해줍니다. 케이크 접시를 꺼내 놓으며 노부부에게 번갈아 권합니다. 달콤함은 슬픔을 위무하는 위대한 힘이 있다는 말과 함께요.

이런저런 그녀의 푸념을 들어주다 보니 시간이 꽤 흘렀습니다. 달콤함이 주는 힘일까요. 저녁 설거지를 마치고 찾아와주는 말동무가 있어서일까요. 금방이라도 쓰러질 것 같던 은발의 그녀가 털고 일어나 저를 배웅하러 나섭니다. 남편의 농담처럼 모레 삼우날에는 그녀와 함께 막걸리라도 사 들고 복실이 무덤에 다녀와야겠습니다.

3

J씨는 마흔 후반의 총각입니다. 몸집이 자그마한 그는 노모와 둘이서 농사를 지으며 삽니다.

올해도 그는 예년처럼 마디 호박을 심었지만 재미를 보지 못했습니다. 호박값이 갈수록 내리더니 급기야 바닥을 쳤기 때문입니다. 날마다 호박밭 앞을 지나던 남편이 J씨에게 한마디 던졌습니다. 이제 제발 호박 농사는 접으라고요. 뚝심으로 사는 그 남자는 호기롭게 맞받아쳤습니다. 이번 호박 다 따고 나면 또 심을 거라고요. 마땅히 심을 작물도 없을뿐더러 땅을 놀릴 수는 더더욱 없다고요.

그는 벌도 키우고 배추 농사며 콩 농사 온갖 밭작물은 다 합니다. 그런 그가 기어코 멀쩡한 호박밭을 갈아엎었습니다. 호박 금이 영 올라갈 낌새를 보이지 않았거든요. 그 무렵은 장마 끝이어서 습도며 기온이 엄청 높았습니다. 불쾌하기 그지없는 날씨에 그는 혼자서 늦게까지 호박밭 갈아엎는 일을 마쳤습니다. 아직도 담배를 끊지 못한 남편이 새벽에 마당에 나갔다가 그의 밭두렁에 세워진 차를 보았다고 했습니다.

그런 며칠 뒤, 그의 호박밭을 지나던 남편이 또 그를 보았습니다. 그는 갈아 엎어놓은 밭에서 몇몇 뒹구는 호박을 줍고 있었습니다. 그걸 왜 줍느냐고 묻는 남편에게 그는 기운 없는 목소리로 대답했답니다. 갑자기 호박값이 몇 배나 올랐다고요.

차마 위로의 말이 떠오르지 않아 눈길을 피하는 남편을 향해 그가 또 외쳤답니다.

"형님, 나는 우째 이래 복이 없는지 모리겠니더."

그 말을 전해 듣는 제가 가슴이 먹먹하고 눈물이 나려는 통에 겨우 참았습니다.

저희 부부는 한 번씩 J씨를 집에 불러 식사를 함께 합니다. 그럴 때마다 제 눈에 띄는 건 그의 몸집만큼이나 작은 손입니다. 굳은살 투성이 작은 손은 형편없이 거칠어서 누가 봐도 연애하고 싶어지는 손은 아닙니다. 그런 정도로 일을 하는 사람이니 그의 성실함은 부근에 모르는 이가 없습니다.

일중독인 그도 가끔 쉴 때가 있습니다. 다방 커피를 부를 때입니다. 아가씨 만나기가 별똥별 보기보다 어려운 이곳 시골에서 그나마 곱게 치장한 여자와 말이라도 섞어 볼 수 있는 유일한 시간이지요.

몇 해 전, 온 나라에 바이러스가 퍼져 토종벌이 폐사했을 때 그도 키우던 벌을 모두 잃었습니다. 상당한 손실이었지만 그는 꿈쩍하지 않았습니다. 형님의 보증을 서서 가진 것 전부를 날리고 빚더미에 올라앉았을 때에도 그는 씩씩하게 버텼습니다. 형님에 대한 원망 한마디 없었다지요. 하지만 혼자라 외로운 건 어쩔 수 없나 봅니다.

그는 언젠가 저에게 지나가는 말처럼 이렇게 말하더군요.

"형수요, 장가 좀 보내주소."

늙은 총각이 쑥스러워 죽겠다는 듯, 그보다 외로운 건 더 힘들다는 듯 보였습니다.

어느 날 어스름녘에 보니 그는 또 마디 호박을 심고 있었습니다. 올해 세 번째 심는 호박 농사입니다. 이번에 심은 호박은 값을 잘 받았으면 좋겠습니다. 가을배추며 콩농사도 물론이고요.

아무리 봐도 상남자인 J씨가 올해 농사 잘 지어서 그를 알아보는 눈 밝은 처자를 만나 알콩달콩 잘 살길 빌어봅니다.

박
월
수
수
필
집

박월수 수필의 키워드는
줄곧 그의 등을 따라다니는 '달'이다.
날개가 있어도 날지 못하는 풀, 지상에 뿌리 붙들려 사는 '새'이다.
저쪽에서 이쪽을, 이쪽에서 저쪽을 건너다보는 '경계' 무렵이다.
아, 바람 속에 떠돌아다니는 근원적 '쓸쓸함'.
한 '숨'을 내쉬고, 한 '숨'을 들이는 블루문이다.
— 홍억선

우리시대의 수필 작가선 072

숨, 들이다
박월수 2021

인쇄일 | 2021년 12월 10일
발행일 | 2021년 12월 15일

지은이 | 박월수
엮은이 | 이유희
편집인 | 이숙희
발행처 | 수필세계사
인쇄처 | 포지션

출판등록 | 2011. 2. 16 (제2011-000007호)
주소 | 41958 대구광역시 중구 명륜로 23길 2
연락처 | Tel (053) 746-4321 / Fax (053) 793-8182
E-mail | essaynara@hanmail.net

값 12,000원
ISBN 979-11-85448-72-5

* 이 책의 판권은 지은이와 수필세계사에 있습니다.
  양측의 서면 동의없이는 무단 전재 및 복제를 금합니다.